AF257235

L 27 n
24593

LES OBSÈQUES

DE

M. BERRYER

DISCOURS PRONONCÉS SUR SA TOMBE

PARIS

IMPRIMERIE DE DUBUISSON ET CIE

5, RUE COQ-HÉRON, 5

1868

LES OBSÈQUES

DE

M. BERRYER

I

Les obsèques de M. Berryer ont été célébrées à Augerville-la-Rivière, le lundi 7 décembre 1868.

Le corps était exposé dans le vestibule du château, transformé en chapelle ardente, sous la garde des sœurs Aglaé et Monique, de l'ordre du Bon-Secours de Troyes. Sur les draperies on lisait la devise de M. Berryer : *Forum et Jus.*

Les cordons du poêle étaient tenus par MM. de Sacy, directeur de l'Académie française ; Grévy, bâtonnier de l'ordre des avocats ; Thiers, député ; Marie, représentant la ville de Marseille ; le duc de Noailles ; le comte de Falloux ; Carmeaux, délégué des compagnons charpentiers et de Massy, bâtonnier du barreau d'Orléans.

Au premier rang du cortége marchaient le fils de M. Berryer, son petit-fils et M. le marquis de La Ferté Meun, délégué par M. le comte de Chambord ; au second rang le frère de M. Berryer et ses trois exécuteurs testamentaires MM. Moreau, Paul Andral et Prestat ; venaient ensuite ses neveux et le reste de sa famille.

La députation de l'Académie française composée de MM. Jules Favre, chancelier, prince de Broglie, Saint-Marc Girardin et Prevost-Paradol.

Le conseil de l'ordre des avocats au barreau de Paris, composé de MM. Plocque, Dufaure, Allou, Léon Duval, Lacan, Templier, Arago, Rousse, Dupuich, Leberquier, Colmet d'Aage, Ernest Picard, Cresson, Bétolaud, Leblond, Victor Lefranc et Hébert.

Les députés et anciens députés.

Le conseil de l'ordre des avocats à la cour de Cassation, composé de MM. Bosviel, président ; de Saint-Malo ; Hérold ; Tenaille-Saligny ; Hérisson et Dareste.

MM. les délégués du barreau anglais.

MM. Rolin, bâtonnier du barreau de Gand, ancien ministre de la justice ; le bâtonnier de Bruxelles et les délégués des barreaux belges ;

Les délégués des barreaux de France.

Les avocats non compris dans les députations ;

Les délégués des typographes de Paris, conduits par M. Baraguet, président de leur Chambre syndicale ;

Les délégués des compagnons charpentiers, avec leurs insignes de deuil, conduits par M. Carmeaux, leur président ;

Les maires du canton et des cantons voisins, conduits par M. Dumesnil, maire de Puiseaux, membre du Conseil général du Loiret ;

La députation de Juilly;

Venaient ensuite près de trois mille personnes;

Les pompiers du canton faisaient la haie.

Après les discours qu'on lira plus loin, Mgr l'Evêque d'Orléans, assisté de MM. les abbés Desbrosses, Bougauld et Lagrange, ses vicaires généraux, et de tout le clergé du canton, a fait la levée du corps ; la messe a été célébrée par M. l'archidiacre Desbrosses ; l'absoute et les dernières prières sur la tombe ont été dites par Mgr l'Évêque d'Orléans.

Le corps, suivant les dernières volontés de M. Berryer, a été inhumé dans la sépulture de famille qu'il a lui-même établie sous une chapelle de l'église. Sur l'entrée extérieure, on lit ces simples mots, tirés des Saintes-Ecritures :

EXPECTO DONEC VENIAT IMMUTATIO MEA

I

Paroles que devait prononcer Mgr l'Evêque d'Orléans, et que la longueur du convoi ne lui a pas permis de dire :

Je ne vous retiendrai pas longtemps, messieurs ; j'apporte sur cette tombe des prières et non des paroles : ce sanctuaire, ce cercueil d'où semble s'échapper encore l'écho d'une si grande voix, ces grands arbres dépouillés, ce soleil voilé, qui conviennent si bien à la cérémonie qui nous ressemble, cette assemblée même, ce concours inaccoutumé dans cette petite église de village, et, au loin, cette immense acclamation de toute la France, qui dure encore, parlent assez haut.

Je veux donner seulement à celui qui fut mon diocésain et mon ami, en cette heure de la séparation suprême, avec une dernière bénédiction de mon cœur, le dernier adieu de la religion.

Je laisse aux amis, aux compagnons, aux rivaux de gloire, aux adversaires même, la consolation de redire ce que fut cette riche et grande nature, cette haute intelligence ; la noblesse, la générosité de ce cœur ; cette incomparable éloquence ; cette âme si étrangère à l'envie, si prompte à l'admiration, si tendre à l'amitié ; et aussi cette longue carrière, mêlée depuis plus d'un demi-siècle à tous les plus grands débats de notre époque orageuse ; quel fut cet homme enfin ; athlète si puissant des luttes de la parole, si secourable aux accusés, si fidèle aux vaincus, et qui ne sut jamais être le courtisan que de l'exil et du malheur.

Et voilà pourquoi, messieurs, il a su conquérir, dans un temps si divisé, des sympathies si profondes et universelles, et, dans le silence de toutes les rivalités et des passions, des regrets et des hommages si éclatants, que la France entière revendique aujourd'hui sa gloire, et qu'on croirait voir ici, avec l'honneur, la fidélité, l'éloquence en deuil, la patrie décernant les funérailles d'un roi à un de ses plus illustres enfants.

Et voilà pourquoi, messieurs, venus de tous les points de l'horizon politique, vous êtes autour de cette tombe, car, comme lui, vous aimez la France. Ah ! elle nous est chère à tous ; nous donnerions tous pour elle mille vies comme une goutte d'eau ! Et la religion est heureuse de vous voir tous réunis, comme vous l'êtes en ce moment, sur ce terrain commun de l'amour du pays, dans l'hommage pieux et dans l'admiration pour ce grand serviteur de la France.

Quel nom il laissera parmi nous ! Sa place est fixée à jamais à côté des princes de la parole humaine, de ces grands et rares orateurs de la tribune et du barreau, dont le souvenir reste immortel ; et pour moi, je ne puis me défendre, même en ce moment, de le revoir dans les triomphes de sa pathétique éloquence, ni oublier l'éclair, les foudres et les tendresses de sa parole, lorsque, même vaincu par le vote, il arrachait à toute une grande assemblée des cris d'admiration et des pleurs, je l'ai vu.

Mais non, laissons ces souvenirs de gloire. O mon excellent et illustre ami, je ne veux plus rien voir en vous, comme le disait autrefois Bossuet à Condé, de ce que la mort efface. Vous resterez dans ma mémoire tel que vous fûtes sous la main de Dieu, pendant ces quinze jours où l'on vous vit face à face avec la mort, et où, devant la claire vue de l'éternité, oubliant tout, la tribune, la gloire, les applaudissements, pas un seul écho ne s'en est retrouvé, ni dans votre âme, ni sur vos lèvres.

Non, jamais un *Nunc dimittis* ne fut dit avec plus de force, plus de sérénité, de détachement et de confiance en Dieu!

De détachement! Ah! pourtant, il n'était pas détaché de tout! Grand fut le sacrifice « Mon cher Nélaton, faites-moi vivre, afin que je puisse voir le bonheur de la France! »

Hélas! le moment était venu où les hommes, la science, l'affection, le dévouement ne pouvaient plus rien. Ainsi, pauvres mortels que nous sommes, génie, gloire, fortune, plaisirs, amitié, douceurs de la vie, tout s'évanouit irrésistiblement entre nos mains, et nous nous trouvons seuls, seuls! entre le monde qui s'enfuit et l'éternité qui vient. Heureux qui, comme celui que nous pleurons, n'a pas attendu la dernière heure pour sentir le néant des choses et se retourner vers Dieu du milieu des triomphes ou des brisements de la vie, et qui d'avance a pu graver sur sa tombe ces mots de la grande humilité chrétienne et de la grande espérance : *Expecto, donec veniat immutatio mea!* Il avait tout, il voulait mieux encore!

Ah! Seigneur, si vous tenez compte aux hommes qui vivent dans les temps difficiles de leur bonne volonté, de leurs efforts, de leurs secrètes aspirations, pour faire arriver jusqu'à eux, au jour de votre miséricorde, ce rayon qui éclaire tout, combien plus pèseront à vos yeux, devant votre bonté, à travers les fragilités de l'existence, les retours courageux d'une foi sincère!

Du berceau à la tombe, des oratoriens de Juilly qui élevèrent son enfance, jusqu'au P. de Ravignan dont sa main mourante cherchait l'image et le chapelet sur sa couche, à côté de son crucifix, et jusqu'à celui qui remplaça ce saint ami près de son âme défaillante, et avec qui il voulut chanter d'une voix ferme le *Salve regina*, élevant un si doux regard vers le ciel à ce mot : *O clemens, ô pia, ô dulcis, virgo Maria!* la foi chrétienne, en ce siècle où les colonnes elles-mêmes sont tombées, n'avait jamais défailli en lui!

Je le vois dans sa jeunesse, à côté de Chateaubriand, à côté aussi de l'éloquent et malheureux auteur de l'*Essai sur l'Indifférence*, augurant le premier la vocation de ce jeune et brillant avocat, qui, depuis, fut le P. Lacordaire; et quant à lui, si le barreau et la tribune ravirent à la chaire sa grande voix, combien de fois devant les juges, comment pourrais-je l'oublier? et dans nos plus solennels débats politiques, cette voix puissante a retenti pour la liberté de l'Eglise, pour la liberté des ordres religieux et de l'enseignement, pour les droits du Saint-Siége, pour le clergé, pour la confession même, pour toutes les causes chères à la religion ! Eh bien ! ô mon ami, l'Eglise n'est pas ingrate, et elle vous remercie par ma bouche, elle vous bénit, dans votre cercueil.

Et c'est ainsi, messieurs, que la religion dont il fut le défenseur devait être à son tour, en ce moment où tout échappe, où tout homme a besoin d'être défendu, l'avocate de cet incomparable avocat.

Disons, messieurs, que Dieu n'oublie jamais ce qu'on a fait pour son Eglise : il fut juste et bon, lui donnant l'admirable fin chrétienne que vous connaissez.

Il était encore plein de toutes les nobles ardeurs de sa vie, lorsque tout à coup le danger de la mort lui apparut. « Je ne me trompe pas sur votre réponse, dit-il à son loyal et dévoué médecin ; je vous en remercie ; que la volonté de Dieu soit faite ! » Et aussitôt, sans transition, sans regrets, sans un seul retour sur lui-même, il se prépara à paraître devant le seul juge qui l'ait jamais intimidé. On eût dit que sa main, toujours ferme, tirait un voile sur le monde et s'efforçait de lever le voile de l'éternité. Il purifia son âme et s'arma du pain des forts en recevant une dernière fois le Dieu de sa première communion. Puis il voulut venir dans cette chère retraite d'Augerville, comme il le faisait à la veille des grandes affaires, près de ce sanctuaire où il avait placé l'image de saint Louis, dont il aimait la race, et gravé cette grande parole : *Credidi, propter quod locutus sum*, ma conviction a fait mon éloquence. Puis, il écrivit d'une main affaiblie, mais fidèle jusqu'à la fin, cette lettre qui fut la dernière.

Et son Dieu, son roi, sa famille ayant tour à tour reçu ses derniers devoirs, il se mit, avec une simplicité profonde, qui était tout lui-même, à assister et à présider à sa mort. Il ne parla plus que très-peu et ses moindres mots étaient toujours nobles et doux. « O mon ami, dit-il à celui qui était accouru de loin et ne le quitta plus, j'ai de bien grandes grâces à rendre à Dieu. Maintenant je suis tout en calme ; » et lui serrant la main entre les deux siennes : « et en amitié. » Et quelque temps après : « Je vous remercie de rester là pour le grand moment. » Puis, à son petit-fils : « Travaille... Sois quelque chose par toi-même. Aime Dieu et rends ta mère heureuse. » Et enfin : « O mon Dieu ! je remets mon âme entre vos mains ! » Et après ce dernier cri de sa foi religieuse, un dernier cri de sa conviction politique.

Ainsi il est mort, simple et grand comme toujours, affectueux et bon, laissant échapper des mots d'une exquise tendresse, ou les accents d'une foi sublime ; confiant au Dieu qui a dit : « Je suis la résurrection et la vie ; celui qui croit en moi, fût-il » mort, vivra à jamais. »

Oui, vous vivrez, j'en atteste la bonté de Dieu ; vous vivrez au sein de son éternelle miséricorde, dans cette gloire plus haute qui ne passe pas ; et nous prions sur votre tombe avec une ineffable espérance.

Messieurs, laissez-moi vous le dire, beaucoup d'entre vous parcourent, et avec éclat aussi, cette grande et périlleuse car--rière de la vie publique : puisse un tel exemple n'être pas perdu pour vous, et faire sentir à tous le bienfait de sa foi, le grand besoin de Dieu qui est au fond de nos âmes, et la suprême consolation des espérances éternelles.

Une dernière parole, messieurs : On élève aux hommes illustres des monuments. Je ne sais s'il sera possible d'en élever à notre ami un qui soit digne de lui. Mais déjà son buste appartient au barreau de Paris, auquel il l'a légué ; et il sera bien placé dans le palais de la justice, au pied du portrait de son père, entre la Sainte-Chapelle et la salle des conférences de ce barreau français, de cet ordre des avocats, si brillant et si courageux, dont il était le modèle et la gloire. En voyant cette belle tête, cette majesté souriante, en demandant à leurs anciens quel était ce puissant orateur, les jeunes gens apprendront le culte de l'éloquence, du dévouement, de l'honneur et de l'intégrité.

Sa tombe, déjà préparée près de cette petite église, perpétuera le souvenir de cette journée, où tous les dissentiments furent oubliés devant une belle âme, où le deuil d'une famille devint le deuil d'un pays. Cet humble monument marquera la place où les habitants de ce hameau aimaient à voir ce noble vieillard découvrir sa tête blanchie et incliner son front, son talent, son passé, sa gloire devant cette Église catholique, si faible et si forte, victorieuse du temps et de la mort, qui change les doutes en certitudes, les fautes en repentirs, les douleurs en espérances, et qui, même devant les froides pierres de la tombe, s'écrie : *Elevamini, portæ æternales : ouvrez-vous, portes éternelles !*

FÉLIX, ÉVÊQUE D'ORLÉANS.

III

Discours prononcés, dans l'ordre où ils ont été lus :

DISCOURS DE M. DE SACY

Messieurs,

L'Académie française vient exprimer par ma bouche ses regrets et sa douleur sur la tombe de l'orateur illustre qu'elle se flattait de compter longtemps encore parmi ses membres. La mort de M. Berryer n'est pas, il est vrai, une mort prématurée. Voilà plus de cinquante ans que son nom est célèbre et qu'il se rattache à tous les événements dont notre pays a été le théâtre dans le cours de ce demi-siècle. Mais qui n'aurait pas oublié l'âge de M. Berryer au feu qui brillait dans ses yeux, à l'ardeur de sa parole, à la jeunesse de son talent et de son cœur? Aussi, malgré les longs assauts que lui a livrés un mal cruel et qu'il a supportés avec tant de courage et de résignation chrétienne, espérait-on encore, presque jusqu'au dernier jour, que la force de sa constitution, que l'énergie de son âme sortiraient victorieuses de la crise, et que tant de vie ne succomberait pas sous les attaques de la mort!

M. Berryer n'est plus. L'éloquence portera longtemps le deuil de celui auquel elle a dû tant de mémorables journées!

Messieurs, organe et représentant bien modeste de l'Académie française, vous n'attendez pas que je vous retrace la vie politique et les grandes luttes de M. Berryer. Dans la foule qui m'entoure, parmi tant d'amis et de collègues accourus pour lui rendre les derniers devoirs, assez d'autres pourront prendre ce soin et s'en acquitter mieux que moi. Une seule expression me frappe, et si je l'exprime, c'est qu'elle ne peut blesser les sentiments de personne et qu'elle est toute à l'honneur de M. Berryer.

Dans un siècle plus calme, M. Berryer aurait fait sa vie lui-même. Son nom, après avoir jeté un vif éclat au barreau, aurait probablement figuré dans l'histoire de notre magistrature à côté des noms les plus honorés. A la tribune et dans le ministère, la royauté, celle qu'il aimait et dont il avait, dès sa première jeunesse, embrassé la cause avec passion, aurait eu en lui un défenseur puissant, un ami d'autant plus utile que la chaleur et la sincérité de son dévouement n'eussent rien ôté à l'indépendance de son jugement et de sa raison. Dans un siècle aussi troublé que le nôtre, ce sont les événements qui ont fait la vie de M. Berryer, sans pouvoir cependant lui arracher deux choses, les opinions que son cœur avait choisies et son talent.

Son talent ! est-ce assez dire ? Cette flamme de l'éloquence que l'étude et l'expérience nourrissent et fortifient, mais ne font pas naître, n'est-elle pas un don divin, aussi divin que l'inspiration poétique; et le véritable orateur, dans ses grands jours, n'est-il pas comme un prophète que l'esprit de Dieu agite et soulève au-dessus de lui-même? Ces jours-là, M. Berryer les a connus. Il en a eus qui défendront à jamais sa mémoire contre l'injurieux oubli.

Les annales de l'éloquence ne nous offrent-elles pas plus d'un orateur dont les œuvres ont péri et dont le nom est impérissable ? C'est une gloire de plus, sans doute, c'est le comble du génie et son triomphe d'éterniser les effets passagers de la parole, de les graver en quelque sorte sur le marbre et sur le bronze, de les transmettre à la postérité la plus reculée, et de nous faire ressentir, comme au jour même de l'action, ce que ressentaient les auditeurs d'un Démosthène, d'un Cicéron, d'un Bossuet. A qui de nos orateurs modernes appartiendra cette gloire moderne ? Nul ne le sait, et il serait bien téméraire de vouloir en juger dès aujourd'hui.

Mais, pour quiconque a vu et entendu M. Berryer, tout ce qui constitue l'orateur, il l'avait : l'inspiration du regard, la noblesse du geste, l'ampleur et la gravité de la voix, le pathétique de l'action, et cet accent de l'âme qui faisait frissonner sous sa parole toute une assemblée émue, même lorsqu'il y était presque seul de son opinion et de son parti. Semblait-il quelquefois retenir ou chercher sa pensée? elle n'en sortait du nuage que plus éclatante et avec l'effet soudain de la foudre !

Mais à quoi m'arrêté-je, messieurs, et est-ce bien ici le moment de vous parler d'art et d'insister sur ces jours de triomphe dont le souvenir ne peut qu'ajouter à votre deuil ? Faudra-t-il aussi vous rappeler les succès que M. Berryer a obtenus au barreau avec non moins d'éclat qu'à la tribune, les grandes causes qu'il a défendues tout jeune encore, le rang qu'il y a gardé jusqu'à la fin malgré la fatigue du travail et de l'âge? Là aussi, M. Berryer devait rencontrer de grands et de puissants adversaires, dont il a été le digne rival toujours, et plus d'une fois le rival victorieux. Quels souvenirs, et que de noms se pressent dans ma mémoire à côté de celui de M. Berryer! Ces hommes également illustres, pour la plupart, dans les deux éloquences, celle de la tribune et celle du palais, je les ai connus, je les ai entendus, j'ai compté des amis parmi eux. Où sont-ils, et combien y en a-t-il qui survivent? Il me semble les voir tous en ce moment s'ensevelir avec M. Berryer dans le même tombeau, et la pierre du sépulcre se fermer à jamais sur cette grande et forte génération.

Pardonnez-moi, messieurs, d'ajouter encore un mot. Interprète des sentiments de l'Académie française, puis-je oublier l'académicien dans M. Berryer, et ne manquerais-je pas à ma mission si je négligeais de vous dire que cet orateur si redouté, cet homme de parti si vif était au milieu de nous le plus aimable, le plus simple et le plus gracieux des confrères?

M. Berryer aimait l'Académie; il assistait à nos séances autant que le lui permettaient ses grandes occupations; il prenait part à nos paisibles discussions de littérature et de grammaire avec une justesse de sens et une sûreté de goût que l'on n'aurait pas attendues d'un improvisateur si libre et si hardi. Sa voix, son regard, tout prenait en lui dans ses rapports avec nous une expression charmante de douceur et de sérénité.

Aussi, par un juste retour, M. Berryer n'avait-il que des amis à l'Académie française, quoiqu'il y rencontrât plus d'un de ses anciens adversaires dans les luttes politiques, et nous avons eu le plaisir de voir des hommes qui, à la tribune et dans la chaleur d'un débat passionné, s'étaient renvoyé quelquefois des mots bien durs, se donner, sous les auspices favorables des lettres, toutes les marques de la plus sincère et de la plus affectueuse estime. Grande leçon, messieurs, pour attendre au moins que l'on se soit vus et que l'on se connaisse à fond avant de se jurer une guerre éternelle!

Hélas, messieurs, n'est-ce pas bien inutilement que je rassemble tous ces titres de notre illustre confrère? Que reste-t-il de M. Berryer malgré tous nos efforts pour lui rendre une seconde vie dans nos souvenirs? N'est-ce pas à une poussière insensible, à de tristes débris qu'il faut cacher dans un cercueil et ensevelir sous une terre profonde que nous adressons nos regrets? Oh! non, messieurs. M. Berryer a emporté et il nous laisse un meilleur espoir. Il n'était pas de ceux qui pensent que tout finit avec ce corps fragile, avec cette bulle d'air qu'on appelle ici-bas la vie. Quelle chimère que toutes ces idées de gloire, de postérité, de solidarité entre ceux qui sont et ceux qui ne sont plus, si chaque vie humaine, en s'éteignant, nous plongeait tout entier dans le néant! M. Berryer était chrétien. Nous aussi, nous croyons que tout ce qui faisait son caractère, son talent, sa foi, survit au coup de la mort, et c'est pour cela qu'il nous est permis de voir dans l'hommage que nous lui rendons sur cette tombe autre chose que la plus vaine des pompes et une cérémonie vide de sens !

DISCOURS DE M. GRÉVY

SUR LA TOMBE DE M. BERRYER

Messieurs,

Le Barreau a perdu un grand avocat, la Tribune un grand orateur, la France un grand citoyen.

Quelles paroles pourraient exprimer nos regrets et célébrer dignement une si haute gloire! Ces hommes extraordinaires, dont le passage trace dans le monde un sillon lumineux, ne sont bien loués que par leur vie; leurs œuvres les célèbrent, selon la belle expression du Psalmiste; et le seul éloge digne de M. Berryer serait le simple récit de sa majestueuse existence. Cette tâche appartient à des voix plus éloquentes. Organe des sentiments que cette mort a fait éclater dans le barreau, j'essayerai du moins de donner une idée de son affliction en montrant l'étendue de sa perte.

M. Berryer était le prince du Barreau français. Son père, avocat distingué, l'avait dirigé dès l'enfance vers cette profession qu'il devait tant illustrer, pour le former de bonne heure et l'assouplir aux difficultés de la parole publique. Jamais plus intelligente éducation ne rencontra des aptitudes plus heureuses et ne fut couronnée d'un plus brillant succès. M. Berryer excellait dans tous les genres. Un esprit net et pratique, une dialectique vigoureuse et serrée, une rare intelligence des affaires faisaient de lui un avocat consommé ; et nous avons vu avec quelle vigueur d'esprit, quelle sûreté de mémoire, quelle lucidité de pensée et d'expression, il plaida jusqu'aux derniers jours de sa longue carrière les procès les plus compliqués de faits et les plus hérissés de chiffres.

Mais c'était surtout dans les grandes causes qu'il déployait toutes les magnificences de son talent : la belle ordonnance du plan, la fermeté du dessin, l'élévation des pensées, la noblesse des sentiments, et, par-dessus tout, la splendeur d'une incomparable éloquence.

Les voûtes du Palais retentissent encore des frémissements d'admiration qui suivaient ses triomphes. Soit que, défendant Dehors, arraché trois fois à l'échafaud, il termine par une exclamation foudroyante cette victorieuse récapitulation restée si célèbre ; soit que, accusant Laroncière, il brise par un mouvement impétueux l'artificieux réseau dans lequel un habile adversaire s'efforçait de l'enlacer, ou qu'avec un cri déchirant, il montre impassible à ses pieds ce vieillard que la douleur avait anéanti ; soit que, dans son plaidoyer pour M. de Chateaubriant, il évoque les grandeurs de la vieille monarchie française, et que, la main tendue vers la Sainte-Chapelle, il place la royauté proscrite sous la protection du Dieu de saint Louis (1) ; soit que, dans le procès du prince Louis Napoléon devant la cour des pairs, mettant ses juges sous le regard du Dieu qui sonde les cœurs, il leur octroie audacieusement le droit de condamner le Prétendant vaincu, s'ils peuvent jurer que, vainqueur, ils ne l'eussent point servi..., partout il subjugue, il transporte ses auditeurs par la véhémence de son action et par ces traits de feu qui sont la manifestation sublime du génie de l'éloquence.

Ce qui achevait d'élever au-dessus du niveau commun cet homme privilégié, c'était une distinction native, un harmonieux mélange de noblesse et de simplicité. Inégal parfois et inférieur à lui-même, comme tous les hommes d'inspiration, lorsque le Dieu intérieur ne les agite pas, il n'était jamais vulgaire ; tout en lui révélait l'habitude des choses nobles et comme un commerce familier avec la grandeur.

Tant de dons merveilleux, tant d'éclatants triomphes, tant de

______

(1) O. Pinard.

lustre jeté sur cette profession qu'il chérissait et dont les orages
de la politique n'ont pu le détacher, l'avaient élevé si haut, que,
s'associant à son illustration et la revendiquant comme un pa-
trimoine commun, les barreaux de France lui avaient décerné
spontanément une sorte de royauté, et que le jour où sonna le
cinquantième anniversaire de sa carrière triomphale, ils accou-
rurent à Paris pour fêter, sous les yeux de la France attentive
et émue, ce demi-siècle de gloire, comme ils viennent aujour-
d'hui, dans un appareil si différent, se presser autour de ce cercueil : hommage unique dans nos annales à une renommée
unique dans les fastes de notre ordre.

Ce roi du Barreau, couronné par les mains de ses confrères,
tenait aussi le sceptre de la tribune parlementaire. « M. Berryer
est le plus grand de nos orateurs ; depuis Mirabeau, personne ne
l'a égalé, » écrivait, il y a plus de trente ans, le peintre ingé-
nieux des orateurs contemporains, et la France a ratifié ce jugement. La postérité pourra être tentée de le réviser, en lisant
ce qui restera de ce grand homme ; elle trouvera peut-être chez
quelques-uns de ses contemporains plus de philosophie dans la
pensée, plus de pompe dans l'expression ; elle ne sentira pas
sous ces paroles éteintes le feu qui les embrasait ; elle n'aura pas
entendu *rugir le monstre...*, et c'est M. Berryer surtout qu'il
fallait entendre ! Personne peut-être n'a jamais porté plus loin
ce que Buffon appelle le corps qui parle au corps et ce que l'o-
rateur athénien regardait comme le tout de l'éloquence. Un
front large et puissant, une noble et expressive figure, la grave
beauté du port et du geste, le son ravissant de la voix la plus
mélodieuse et la plus pénétrante, donnaient à son action une
grâce et une force irrésistibles. Ajoutez un naturel parfait, le
don suprême d'émouvoir et d'être ému, le cri de la passion jeté
à la manière des grands interprètes de la muse tragique, des
mouvements qui rappellent ceux de Démosthènes et de Mirabeau,
et, ce qui complète la ressemblance avec ces orateurs fameux,
dont il descend en droite ligne, la sobriété d'ornements, le dé-
dain de la recherche, la mâle simplicité d'une langue *qui ne se
sert de la parole que pour la pensée*, et vous aurez un faible
crayon d'une des plus magnifiques organisations d'orateur que
la nature ait formées.

Pour qu'un si bel ouvrage ne sortît pas imparfait de ses mains,
elle l'avait animé du souffle divin de la liberté, cette foi des
nobles âmes. Elle en avait placé le foyer dans le grand cœur de
M. Berryer ; la profession avec laquelle il s'était identifié, en lui

inspirant la passion du droit, avait fait le reste. Alliant dans la même foi la liberté et la légitimité, il les confondait dans le même culte, les croyant amies ; et si, un jour, lorsque la liberté menacée avait besoin de tous ses défenseurs, il parut douter d'elle, c'est que, dans le trouble des esprits, sous un vêtement qu'il suspectait, il ne l'a pas reconnue.

C'est au foyer de la liberté qu'il avait trempé son caractère et puisé cette noble constance dans ses opinions, cette longue fidélité à une cause vaincue, son immortel honneur aux yeux de la libre postérité.

Oui, c'est par là, cher et illustre confrère, que vous vivrez dans la mémoire des hommes ; c'est par la grandeur de votre caractère, plus encore que par l'éclat de votre talent, que vous avez honoré votre pays et mérité cet immense concert de louanges et de regrets qui s'élève sur votre tombeau. Recevez-en l'hommage suprême par la voix d'un confrère et d'un collègue pour lequel vous avez eu quelque bienveillance, et qui a toujours été pénétré pour vous de la sympathie la plus vive et de la plus profonde admiration.

DISCOURS DE M. MARIE

Huit jours se sont écoulés depuis que la mort a frappé son plus grand coup parmi les deuils cruels que sa main a récemment ouverts.

Et cependant nous gardons encore dans le fond de nous-mêmes cette pieuse incrédulité du cœur qui ne trompe qu'un instant, hélas ! les douleurs inconsolables.

On aime les illusions dans ces instants suprêmes ; et il nous semblait, à nous qui, il y a quelques mois à peine, admirions encore la verte vieillesse de l'ami que nous avons perdu, sa grâce virile, sa force, sa jeunesse d'esprit ; oui, il nous semblait que les longues heures, mêlées d'espérances et d'angoisses, pendant lesquelles il a soutenu si vaillamment sa dernière et glorieuse lutte, désarmeraient la puissance que rien ne désarme, et qu'elles s'arrêteraient, au moins pour quelques années encore, devant une gloire si pure, un courage si résigné.

Mais non ! l'heure fatale a sonné, et au retentissement qu'elle a eu dans le monde on a pu comprendre que si une de nos grandes gloires venait de s'éteindre, elle se relevait vivante et immortelle dans la mémoire des hommes.

Qui ne s'explique la consternation générale qui a régné partout ? Le grand nom de Berryer n'était-il pas uni à tout ce qu'il y a de grand en France ? Suivez, dans les voies qu'elle a parcourues, cette magnifique renommée : elle tient à la puissance politique de ce pays par la tribune, à la puissance judiciaire par le barreau, aux lettres, aux arts, aux sciences morales par l'Institut, et il n'est pas une de ces puissances sur lesquelles elle n'ait fait briller les rayons fécondants de son éclatante auréole.

Elle tient aussi, et comment l'oublierais-je ? à la puissance populaire, ce grand fait des temps modernes ; elle y tient par l'idée, et, plus intimement encore, par le patronage élevé, généreux dont elle a couvert plus d'une fois les groupes d'ouvriers qui venaient lui demander les conseils de sa raison, les élans de son âme, les trésors merveilleux de sa merveilleuse parole.

Et l'on voit aisément combien sa gloire était universelle à ce concours immense de peuple, de villes consternées, d'hommes illustres, représentants de toutes les grandeurs de la France, qui viennent tous, à ce dernier moment, déposer ici le solennel et pieux tribut de leur admiration et de la reconnaissance publique.

Dieu me garde de troubler cette solennelle harmonie ! Qu'il me soit permis, cependant, de distinguer dans ce magnifique cortége des villes de France une ville, une seule, qui m'a demandé d'être l'organe de sa douleur au milieu de la douleur universelle. J'ai nommé Marseille. Elle pleure sur l'illustre orateur en qui elle avait déposé, confiante, tous les intérêts de sa brillante cité. Il tombe, hélas ! ce grand orateur, au moment même où, dans sa pensée, sa ville bien-aimée préparait à ses quatre-vingts ans un nouveau triomphe électoral. Oui, elle a raison de pleurer, car Berryer, qu'elle pleure, avait su rehausser encore par la splendeur de son nom ses splendeurs maritimes et industrielles.

Je dépose ici avec respect, dans ce suprême adieu, le témoignage de son admiration profonde et de sa gratitude éternelle.

Et maintenant, qu'oserai-je vous dire encore qui ne soit dans tous les esprits et dans tous les cœurs ?

J'ai eu le bonheur de suivre, à travers les temps, le grand

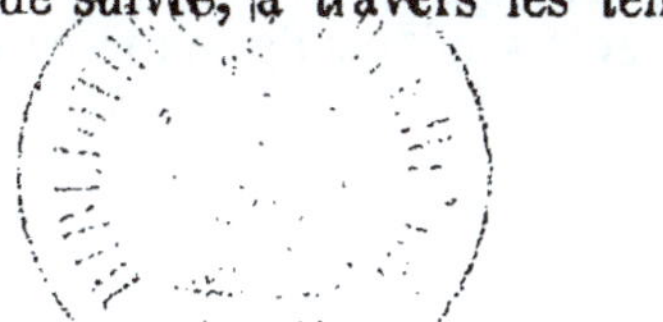

homme qui n'est plus. Je l'ai vu partout où il a triomphé : à la tribune, au barreau ; je l'ai vu aussi un peu, trop peu, dans l'intimité du foyer, où il était, à la fois, si charmant et si modeste. Bien des années se sont ainsi succédé et groupées sur ma tête ; qu'importe ? je ne me plains pas de mon âge, puisqu'il m'a permis de recueillir religieusement de beaux souvenirs, qui éclaireront d'une douce et bienfaisante lumière les jours que Dieu me réserve encore.

Je ne vous dirai rien pourtant de ces souvenirs.

Le barreau, par l'organe du bâtonnier de notre ordre, a dit ce qu'avait été Berryer au sein de notre profession, qu'il a tant aimée et à laquelle il a adressé de son lit de mort de si touchants adieux. Que pourrais-je ajouter à ces paroles ? Et d'ailleurs la présence ici du barreau français tout entier n'atteste-t-elle pas quelle part immense nous avons à prendre dans la douleur universelle ?

L'Institut parlera, et il appartient à cette gloire nationale vivante de faire revivre à vos yeux la gloire nationale qui vient de s'éteindre.

Quant aux amitiés intimes, qui, elles aussi, ont besoin de s'épancher au dehors pour consoler leurs tristesses profondes, je ne voudrais pas les troubler dans le pieux recueillement de leurs pensées.

Un mot donc, un mot seulement sur l'homme politique.

Berryer était déjà illustre au barreau quand le champ des luttes politiques s'ouvrit devant lui. Il y entrait à la veille d'une révolution, avec toute l'ardeur de ses convictions, et aussi avec cette autorité que lui donnait son éloquence éprouvée.

Quand il parut pour la première fois à la tribune, un long frémissement d'admiration parcourut l'assemblée. La beauté de son regard, sa voix, son geste, son attitude, tout révélait en lui le grand esprit et le grand orateur. « Voilà un beau talent, dit » un député à Royer-Collard. — Dites une puissance, répondit » Royer-Collard. »

Et c'était, en effet, une puissance ; puissance supérieure, qui saura, à travers les révolutions, conserver partout et toujours, même sous le coup des ingratitudes et des injustices que les révolutions soulèvent, son autorité et sa grandeur.

Etrange problème, que n'expliqueraient peut-être pas, à eux seuls, ni la haute supériorité de son esprit, qui savait aborder avec bonheur tous les sujets de la politique et des affaires, ni même les entraînements soudains de son irrésistible éloquence ;

mais qu'expliquent très-bien, au contraire, l'élévation, l'unité de son caractère, et aussi cette sûreté, cette majesté de vues qui lui permettaient de dominer bien des misères !

Qu'on ne s'y trompe pas, en effet : dans sa fière indépendance, Berryer ne relevait, à vrai dire, d'aucun parti. Au-dessus des querelles de formes gouvernementales ou de dynasties qui, d'ordinaire, se disputent le monde, sphères étroites où s'agitent tant de passions secondaires à côté des passions fécondes qui seules devraient gouverner les âmes, il plaçait, lui, dans les replis profonds de sa pensée patriotique, l'honneur, la dignité, l'intérêt de son pays, sa grandeur au dedans, sa grandeur au dehors.

Oui, sans doute, il avait ses croyances, ses affections, ses préférences. Eh ! qui donc ne le reconnaîtrait pas en admirant cette fidélité antique sous laquelle il a abrité, pendant tant d'années, ses regrets, ses espérances, sa résignation patiente et calme ?

Oui, il plaçait bien haut le principe de l'autorité, mais il mettait à une égale hauteur le principe de la liberté, et il n'a jamais souffert que la force tentât de violer la majesté du droit.

C'est là ce qui a fait son autorité, son éloquence, sa popularité. Vaincu, il a parlé aux vainqueurs la tête haute, et les vainqueurs l'ont respecté. Pourquoi ? Parce que, lorsqu'il lui avait été donné d'être puissant parmi les puissants, il n'avait pas oublié qu'au-dessus de toutes les puissances humaines il y a le droit et la liberté, qui descendent de Dieu et ne relèvent que de Dieu.

Tel nous a apparu Berryer, à nous qui, depuis plusieurs années, marchons à côté de lui et avec lui dans ces rudes et légitimes combats livrés au nom du droit et de la liberté. Nous vivions confiants en lui comme il vivait confiant en nous; nous vivions de cette vie supérieure qui préfère la résignation au désordre et se console, en attendant des jours meilleurs, par l'abnégation qui sait s'oublier et par le dévouement qui sait, quand il en est temps, combattre et se sacrifier.

Il avait accepté l'union dans la liberté, et nous l'avions acceptée avec lui. Quel gage aurait-on pu lui demander de sa foi et de sa fidélité qu'il n'eût déjà donné ?

Le jour où — il y a dix-sept ans — la force s'était levée contre la loi suprême de la force souveraine, ne s'était-il pas levé, lui aussi, et ne l'avait-on pas vu marchant à la tête de tous ces « factieux » qui, chassés de leur palais, s'étaient réfugiés dans une mairie, emportant avec eux leur puissance menacée et leur inviolabilité agonisante ? Ce qu'il y fit, il l'a dit à son lit de mort, et je n'ajouterai rien aux augustes paroles que la postérité recueillera avec respect.

Certes, il s'éleva au-dessus de sa grandeur même dans cette fatale journée, et ce ne fut pas sa faute si la souveraineté populaire, humiliée et vaincue, ne se releva pas fière et souveraine, comme elle était la veille. Laissons ces souvenirs ; c'est à l'histoire de dire maintenant de quel côté ce jour-là se placèrent l'admiration et les respects du monde...

Adieu, Berryer, adieu à vous qui avez aimé, défendu, honoré, illustré toutes les grandes causes.

Ah ! je ne vous plains pas.

Que cette tombe se ferme ! Votre grande âme ne planera-t-elle pas toujours au-dessus de ces restes inanimés qui l'ont enchaînée sans jamais étouffer en elle ses patriotiques aspirations, sans faire obstacle jamais au magnifique développement de ses puissantes énergies morales ?

Que cette tombe se ferme ! Ne vivrez-vous pas toujours dans les plus beaux souvenirs de la France, et votre nom ne reviendra-t-il pas sur toutes les lèvres quand on parlera dans ce pays de grandeur et de dignité ?

DISCOURS DE M. LE DUC DE NOAILLES

Qu'il me soit permis à mon tour de répéter, quoique en termes affaiblis, ce qui vient d'être si bien exprimé. Qu'il me soit permis de dire aussi un dernier adieu, de rendre un dernier hommage à l'illustre Berryer, et non-seulement en mon nom, mais au nom de tous ceux qui l'ont connu, et qui, par conséquent, l'ont aimé.

Quelle belle vie ! et pour la couronner, quelle belle mort ! religieuse, calme et ferme, et suivie de regrets universels, de louanges qui viennent de toutes parts. Inébranlable fidélité à ses principes, noblesse de caractère, force de conviction, désintéressement personnel, parfaite unité de la vie, nature enthousiaste et jugement solide : voilà ce que tout le monde reconnaît en lui, non moins que cette éloquence admirable qui a fait la gloire de la tribune et du barreau, où la force et la clarté de la discussion, l'élan de la pensée, le grand et vrai mouvement oratoire, et jusqu'aux qualités physiques de la voix, de l'attitude et du geste, le feront figurer dans l'histoire comme l'orateur de notre temps, ainsi qu'on en cite quelques-uns, mais bien rares, dans les annales de l'antiquité et dans les siècles modernes.

Je ne fais que redire ce que vous venez d'entendre, ce qui a été dit souvent, mais c'est une grande gloire pour un homme que de pareils éloges soient devenus des lieux communs. Aussi avons-nous vu bien des fois, de son vivant, saluer et fêter sa renommée en sa propre personne, et non-seulement en France, mais à l'étranger; et rien d'étonnant aujourd'hui, à ce concert général de louanges et de regrets, à ce concours si nombreux et si empressé autour de son tombeau.

C'est une grande figure, en effet, au milieu de notre âge! Parmi les ruines que nos révolutions avaient amassées autour de lui, il fut toujours debout et toujours le même, toujours en scène, quoique sans emplois ni honneurs, mais à la place qu'il s'était faite et occupant un poste reconnu par l'Europe entière.

On vous le rappelait tout à l'heure : bien jeune encore, il eut, sous la Restauration, les plus grands succès au barreau, et l'on reconnut en lui les qualités du grand avocat. Son prompt coup d'œil et sa vive intelligence le rendaient capable de traiter les affaires les plus arides, qu'il rehaussait toujours par un mouvement chaleureux et une vigueur d'argumentation qui devenaient entraînants.

Mais il se fit de bonne heure le défenseur de grandes causes et de grands noms; il sauva bien des victimes au milieu de nos déchirements; il courut au secours des malheureux, des opprimés et des vaincus ; qui compterait le nombre de ses magnifiques plaidoiries ? Et quel beau cortége, ainsi qu'on l'a dit, lui formeraient ses clients! Puis, de nombreux procès politiques l'associèrent dès lors au grand mouvement des esprits, en firent déjà un homme public, signalèrent son indépendance et sa couleur, et tant de causes célèbres, reproduites un jour, remettraient sous nos yeux l'histoire vivante de cette belle époque; mais aujourd'hui l'on se souvient, et on pleure.

Son génie oratoire était appelé sur un plus grand théâtre encore. Après la catastrophe de 1830, il ouvrit sa grande carrière politique en se dévouant au parti tombé. Il obéissait à ses profondes convictions, il sacrifiait ses intérêts et sa fortune, car un pareil rôle allait l'absorber tout entier ; et alors commença cette lutte sans relâche qui le plaça longtemps seul contre tous,

lutte relevée encore par la puissance du talent de ses adversaires, éclatants combats dont le souvenir nous émeut; toujours
sur la brèche, et, au besoin, le drapeau du passé fièrement à la
main, justifiant la Restauration des attaques injustes que la
passion des partis renouvelait contre elle ; courant encore de la
tribune au barreau pour y défendre ce qu'il croyait juste et
vrai ; inépuisable dans les ressources de son éloquence et en
prodiguant les trésors ; puissante intelligence qui savait éclairer, persuader, charmer, émouvoir, électriser et entraîner à la
fois ses amis et ses adversaires ; son dernier discours était toujours le plus beau : grand spectacle, qui fait honneur à l'esprit
humain, rôle unique dans l'histoire, qui nous montre cet homme
comme un pouvoir en face des pouvoirs qui gouvernaient et
qui passaient devant lui.

Dans cette France, qu'il voyait si ébranlée, si agitée, si chan-
geante, il ne trouvait de salut pour elle que par les doctrines
qu'il professait. Aimant pour elle-même la cause qu'il avait
embrassée, son patriotisme et sa conviction trouvaient qu'elle
seule pouvait donner de solides fondements à la société nouvelle
et réaliser le rêve de tant d'esprits. Mais il n'attendait que de
l'opinion publique et de la conséquence des faits le triomphe de
ses idées.

Personne n'a jamais, avec un talent pareil, représenté une
des opinions du pays, ni mis plus en lumière les idées et les sentiments partagés par un grand nombre.

Il y a, en effet, en France, un grand nombre de Français chez
lesquels le respect et les souvenirs du passé, l'empire des croyances religieuses, l'attachement aux principes monarchiques,
n'excluent pas le sincère amour de la liberté ni l'intelligence
des besoins du temps ; parti consciencieux et convaincu, plein
de patriotisme et d'honneur, dont Chateaubriand était la plume,
et dont Berryer fut la voix.

Que d'hommes nourris de ces pensées et que les événements
condamnaient à la retraite, se reconnaissaient, se perpétuaient
en lui ! Que de générations diverses vivaient, parlaient, sentaient
par lui et applaudissaient du fond du cœur à ses triomphes !
Elles me sauront gré, j'en suis sûr, de me faire ainsi leur organe et de mêler leur douleur à la mienne.

Mais il ne fut pas seulement l'homme d'un parti. Sans cesser
de l'être, et l'étant par cela même davantage en ce qu'il repro-
duisait par là plus complétement son véritable esprit, il fut, par
le sentiment national qui l'animait, l'homme de la nation. Tout

en se montrant le vaillant défenseur des droits et des temps anciens, il n'était étranger à aucune des aspirations des temps modernes. Il était l'homme de son époque et de son pays. Il en comprenait parfaitement le caractère, les idées et les tendances. Il ne cherchait qu'à les éclairer, à leur montrer leurs vraies conditions, pour en écarter les écueils.

Aussi fut-il, malgré toutes nos divisions, constamment populaire, et les applaudissements lui venaient de toutes parts. Les autres révolutions qui, en si peu d'années, ont changé encore le principe et la forme de notre gouvernement l'ont trouvé et laissé toujours le même. Aujourd'hui, il meurt entouré de l'estime et de l'admiration de tout le monde ; le deuil est national, et le concert d'éloges s'élève de tous côtés.

Mais que fais-je en esquissant par quelques mots insuffisants et pâles une vie si pleine et si féconde? Où n'entraînerait pas d'ailleurs un sujet si vaste? Arrêtons-nous donc, et bornons-nous à nos larmes.

Notre siècle labouré par les révolutions, qui brisent ou éteignent à leur naissance tant de carrières, ne sera pas pour cela un siècle stérile, et n'en offrira pas moins un jour, dans l'histoire, un groupe d'hommes éminents, appartenant à des périodes et à des opinions diverses, qui, par l'éclat du talent, du caractère et de la renommée, donneront à ce siècle sa physionomie et sa valeur. Au milieu de ce groupe s'élèvera Berryer, dont la figure attirera tous les regards, et l'on saluera en elle le génie de la parole et l'âme du grand citoyen.

Qu'on me permette d'ajouter et de redire comme tout le monde que le charme de l'homme privé ne le cédait pas en lui à la puissance de l'homme public. Le cœur et l'esprit se retrouvaient là sous une autre forme. Sa physionomie ouverte et sympathique attirait, ses manières séduisaient, sa simplicité et sa modestie naturelle et tant d'aimables qualités lui gagnaient tous les cœurs.

Tel encore on le voyait hier, car rien n'avait vieilli en lui. Aussi est-il mort tout entier, et comme d'une mort prématurée, malgré son grand âge. Conservant toute son intelligence, il est resté nombre de jours face à face avec la mort, s'entretenant avec elle, en gardant le sang-froid et le courage d'un chrétien.

Qu'il reçoive donc nos hommages et nos derniers adieux. On a peine à finir, à se taire, à s'éloigner. Que sa mémoire vive dans nos cœurs, comme son nom vivra dans la postérité!

DISCOURS DE M. BARAGUET

Délégué de la typographie parisienne

Messieurs,

J'éprouve une vive émotion, que vous trouverez bien naturelle, en prenant la parole, moi simple ouvrier, devant une assemblée de maîtres dans l'art oratoire.

Mais les typographes ne sauraient sans ingratitude garder le silence devant la tombe qui va renfermer leur illustre défenseur.

Nous n'avons pas à suivre M. Berryer dans les luttes politiques. Il ne nous appartient point de parler sur ce sujet.

Nous avons à faire ressortir la persévérance avec laquelle il n'a cessé de combattre la loi de coalition, qui devait enfin s'écrouler sous les coups répétés de sa parole ardente et convaincue.

Il eut le chagrin de ne pas triompher complétement, et se vit dans la nécessité de refuser son vote à la loi nouvelle, qui, malgré ses modifications relativement libérales, n'en demeurait pas moins à ses yeux une loi d'exception.

Il ne nous a été donné de connaître ce grand maître que pendant une heure et dans une circonstance que nous croyons devoir rappeler.

Nous offrions à notre généreux défenseur un humble témoignage de gratitude ; il nous reçut avec cette affabilité qui lui était particulière, et lui, si habitué à de semblables manifestations, fut tellement surpris que, d'une voix entrecoupée, il nous pria de lui laisser le temps de se remettre, son émotion ne lui permettant pas de nous remercier comme il le désirait.

Puis, cet homme de génie se fit petit pour nous mettre à l'aise dans un entretien intime, pendant lequel il ne cessa de nous prodiguer ses sages conseils.

Elle s'écoula rapide et douce, cette heure qui ne sortira jamais de notre mémoire.

Vous nous pardonnerez, messieurs, d'avoir évoqué ce souvenir, qui, pour nous, est le plus bel éloge que nous puissions faire de cet homme de bien.

Nous désirons que ce sincère hommage soit agréable à l'âme de notre généreux défenseur et prouve à ceux qui sont sous le poids de sa perte la profonde reconnaissance de notre corporation.

C'est en formulant ce vœu que nous adressons à Mᵉ Berryer notre dernier adieu.

DISCOURS DE M. CARMEAUX

Délégué de l'Association des Charpentiers.

Après les nobles et émouvantes paroles que vous venez d'entendre, il ne nous appartient pas, à nous simples ouvriers délégués des compagnons passants charpentiers de la ville de Paris, de vous faire un long discours; permettez-nous de dire que si les funérailles de notre cher et illustre Berryer avaient été célébrées à Paris, pas un de nos camarades n'aurait manqué à ce pieux rendez-vous.

Notre humble corporation est surtout forte par son union et, avant tout, fidèle à ses traditions : aussi, parmi nous, jeunes ou vieux, le nom de Berryer a été et sera toujours prononcé avec respect, car il nous rappelle le dévouement le plus entier et le désintéressement le plus pur.

Si sa magnifique défense pour notre grève de 1845 ne put obtenir, en présence de la législation alors existante, l'acquittement complet de tous nos camarades, elle a puissamment préparé l'avenir, et ne peut-on pas dire que les lois sur les coalitions, sur les réunions, sur les sociétés coopératives, sont ressorties de son éloquente plaidoirie?

C'est donc avec le cœur plein de regrets qui ne s'effaceront jamais que nous répéterons au bord de cette tombe les paroles que nous inscrivîmes sur notre chef-d'œuvre en lui en faisant hommage :

Grève de 1845.

Les compagnons passants charpentiers reconnaissants,
à Berryer.

DISCOURS DE M. DE FALLOUX

Les hommes qui ont fidèlement suivi M. Berryer dans les Chambres de 1830 et dans les Assemblées de 1848, ceux qui ont appris de lui à comprendre et à défendre les grands intérêts de notre cher pays, doivent apporter aussi dans ce jour de deuil national le tribut de leur inexprimable, de leur inconsolable reconnaissance.

Elevé sous la gloire, Berryer lui voua d'abord, il l'a raconté lui-même, les premières ardeurs de sa jeunesse ; mais bientôt, derrière la gloire, il aperçut le despotisme, il reconnut ses vices, il prévit ses ruines et il se détacha de lui avant la fortune. En face désormais de la vieille royauté rajeunie par des libertés nouvelles, en face de l'ancienne société s'initiant d'elle-même aux progrès modernes, Berryer ne sépara plus ces deux cultes. Sa valeur se révéla dès son premier combat ; il fut le Cid de la tribune : au moment où il terrassait ses adversaires, il désarmait leur ressentiment et il triomphait même de la jalousie. Premier ministre de la parole au département de l'opinion publique, il fut homme d'Etat dans la plus noble acception de ce mot, sans avoir jamais rempli une fonction publique ; il fut l'une des plus hautes dignités morales de son siècle, sans avoir jamais porté ni un titre, ni un insigne.

Cet ascendant incontesté, il ne le consacra jamais à une pensée égoïste ou exclusive. On se souvient en quels termes il parla un jour des pacifications de Henri IV. Ce qu'il poursuivit, lui, dans un infatigable labeur, sans un seul jour de faiblesse, sans une heure de lassitude ou de défaillance, à travers tous les sacrifices et toutes les épreuves, ce fut la pacification des partis, des intelligences et des cœurs parmi ses contemporains, la pacification sincère et loyale, sans l'immolation d'une seule espérance ou d'un seul intérêt populaire. Cette renommée, qui n'avait point eu de modèle et qui n'aura peut-être point d'égale, fut due sans doute à des dons incomparables ; mais elle fut due aussi à ce que ce vaillant, ce fidèle, ce puissant, ce patriote, était au même degré généreux et bon. Il n'a point eu d'ennemi, parce que lui-même ne connut jamais l'inimitié ; il a été universellement, exceptionnellement aimé, parce que personne n'aima jamais d'un amour plus pur, plus désintéressé, plus intime, la vérité, la liberté, la patrie.

Du ciel où Louis XVI et Malesherbes lui tendaient les bras, du sein de la récompense et de la lumière éternelles, Dieu veuille permettre que Berryer laisse encore tomber sur nous ses inspirations ; qu'après nous avoir enseigné à mourir comme à combattre, il continue à nous guider ; que les mains qui se sont serrées sur sa tombe demeurent unies ; que cette union survive à noš larmes et que quiconque voudra rendre à Berryer un hommage et un respect dignes de lui redouble de dévouement pour la France, pour sa grandeur, sa sécurité et sa liberté.

DISCOURS DE M. DE SÈZE

Au nom des Barreaux de province.

Messieurs,

Le Barreau français est ici tout entier. Il est ici, non pas seulement par les représentants qu'il s'est choisis et qui sont accourus avec un pieux empressement autour de la tombe qui va se fermer, mais il assiste réellement, pour ainsi dire, à ces grandes funérailles, parce qu'à l'heure même où il m'est donné de parler une fois en son nom, honneur bien peu attendu et si chèrement acheté, j'ose affirmer devant vous et devant mon pays que tous les cœurs, toutes les pensées, tous les sentiments des avocats de tous les Barreaux de France, sont en ce moment avec nous et se tournent, à cette heure même, vers cet Augerville où notre illustre maître a combattu si vaillamment son dernier combat vers cette lointaine et modeste église qu'il a choisie comme le lieu de son repos, et que son tombeau rend déjà célèbre.

Oui, le Barreau français tout entier est ici par toutes les aspirations de sa volonté et de sa pensée.

Et pourquoi, Messieurs ?

Pourquoi, dans toutes nos provinces, à la première annonce de la maladie d'un confrère de Paris, un sentiment unanime d'anxiété a-t-il atteint à la fois, avec la violence et la rapidité d'un choc électrique, tant de cœurs séparés par les distances et peut-être, en toute autre chose, par des sentiments bien divers?

Pourquoi de partout ces dépêches pressantes qui, du midi au nord, se croisaient dans les airs et, se rejoignant à Augerville, venaient toutes solliciter des amis qui le soignaient un mot qui pût nous rassurer sur cette vie?

Et lorsque sa mort nous fut connue, pourquoi, dans un élan spontané, irrésistible et universel, tous les Barreaux décidèrent-ils, sans aucun concert, que ce confrère ne descendrait pas dans la tombe sans qu'il y eût auprès de lui, s'unissant au Barreau de la capitale, qui était le sien, des représentants spéciaux de leurs regrets et de leur deuil?

Et s'il m'était permis de mêler les souvenirs d'une joie passée aux sentiments qui nous agitent et de réveiller ces souvenirs dans le lieu qui nous voit réunis, pourquoi le Barreau de Paris voulut-il, il y a sept ans, presque à pareil jour, célébrer, dans une fête sans précédents, le cinquantième anniversaire du jour où le glorieux stagiaire de 1811, comme l'appelait Jules Favre dans les éloquentes félicitations qu'il lui adressait au nom de tous, avait pour la première fois revêtu cette robe, sur laquelle il devait, pendant plus d'un demi-siècle, jeter tant d'éclat?

Pourquoi tous les bâtonniers de France furent-ils appelés à ce triomphe et heureux de s'y associer par leur présence?

Sans doute, l'avocat qu'on fêtait ainsi d'une façon si nouvelle, et dont nous entourons aujourd'hui la dépouille mortelle, possédait le plus magnifique et le plus incomparable talent; sans doute, il était doué d'un génie oratoire qu'on ne retrouve, en remontant les âges, que chez Démosthène; mais le talent le plus incomparable, mais le génie ne suffisent pas à expliquer ces choses, pas plus qu'ils ne justifient et cette grande voix que nous allons entendre, et la présence de ces illustrations de tout genre qui se pressent avec nous dans cette enceinte, et ce concours immense, et cette émotion qui se lit sur tous les visages, et ce deuil général enfin qui nous dit qu'un grand vide s'est fait dans notre pays par la mort d'un homme!

C'est qu'en effet cet homme n'était pas seulement un grand talent, un génie oratoire; il n'était pas seulement un grand avocat, celui devant lequel s'inclinaient tous ceux qui s'honorent de ce titre et le glorifient...; c'était une grande âme, plus grande (on l'a dit avec raison) que ses œuvres mêmes, et les élans qui en jaillissaient si souvent en traits de feu n'en ont pas donné toute la mesure.

C'était un grand caractère que son aimable simplicité cachait aux peu clairvoyants et à lui-même... Invinciblement dévoué à ce qui lui apparaissait comme le juste et le vrai, il suivait sa nature en le défendant, au mépris de tout, sans même comprendre qu'il y eût en cela quelque vertu, quelque désintéressement et quelque courage. Agir autrement ne lui paraissait même pas possible ! Et c'est ainsi qu'il se jetait dans la mêlée, avec une ardeur qui n'a jamais failli, soit au Barreau, soit ailleurs, rapidement, se plaçant par instinct du côté du faible, du pauvre, de l'abandonné, et le couvrant de sa puissante égide et de sa souveraine éloquence !...

Voilà, Messieurs, l'une des sources de cette estime toute spéciale, si haute et si profonde, en laquelle le tenaient tous les avocats de France. Il était sans doute leur maître, et leur maître sans égal, mais il était aussi leur orgueil. Modèle achevé de ce que l'avocat doit être, ils avaient les yeux tournés vers lui ; ses succès étaient les succès de tous, son amitié, la plus haute des récompenses, et son souvenir sera pour tous une source d'émulation qui durera parmi nous comme sa mémoire elle-même.

Oui, on peut appliquer à Berryer ce beau texte de l'Ecriture : « *Defunctus est et adhuc loquitur.* »

Il nous parle encore avec l'éloquence entraînante qui lui était propre par l'exemple de sa vie, dans laquelle il a marché si droit et si haut, comme il nous parlait hier encore par ses bienveillantes leçons.

Prenons exemple, mes chers confrères ; il ne s'agit pas d'atteindre à ces hauteurs, mais prenons exemple.

Retrempons nos forces dans l'étude et la pénétration de cette grande vie.

Restons l'œil fixé sur ce phare lumineux, et n'oublions pas que si nous n'en recueillons pas d'autre fruit, du moins obtiendrons-nous les sympathies et le respect public acquis sûrement à l'homme qui aura accompli jusqu'au bout ces deux grandes choses que Dieu lui-même nous a imposées : le travail et le devoir !

Et maintenant, me sera-t-il permis d'oublier un instant que je n'ai le droit de parler ici qu'au nom de mes confrères de France, et pourrais-je, en finissant, ne pas dire à notre Berryer un adieu personnel, un adieu d'ami ?

Pendant vingt ans il m'a permis de lui donner ce nom ! Qui dira le charme ineffable de ses amitiés ? Qui dira ce que son cœur renfermait de tendresse ardente et dévouée ?... Pour le peindre tout entier, ce n'est pas assez de dire de lui : Un grand talent, une grande âme, un grand caractère... Il avait surtout un grand cœur, et c'est dans ce foyer qu'il a puisé toutes les inspirations de sa vie et la majestueuse sérénité de sa mort.

DISCOURS DE M. BOCHER

Messieurs,

Puisque vous le permettez, je viens témoigner aussi sur cette tombe. Je viens, dans ce concert de douleurs et de louanges, apporter l'hommage d'une affliction sincère et d'une juste reconnaissance.

Des causes, si nombreuses et si diverses, auxquelles Berryer prêta le secours de ses conseils et de sa parole, il en est une qu'entre toutes peut-être il a défendue avec l'ardeur du zèle le plus généreux, avec la puissance de l'âme la plus convaincue : celle-là ne sera jamais oubliée, et je suis sûr que sa mémoire me saura gré de le remercier encore une fois publiquement de l'acte qu'il a lui-même appelé « le couronnement de sa carrière, » la récompense de toute sa vie. »

Cher et vénéré collègue, illustre ami, j'entends encore et j'applaudis les accents de ta conscience indignée, lorsque, parlant pour tous dans la défense d'un seul, et de la barre du prétoire t'adressant au pays tout entier, comme citoyen, comme honnête homme, tu revendiquais la justice et le droit — *forum et jus* — c'est-à-dire la liberté, sans laquelle il n'y a ni droit ni justice.

Ce que tu demandais alors, sans l'avoir obtenu, nous ne nous lasserons pas de le demander, de le poursuivre après toi; et qu'à défaut de ce fier langage que nous n'entendrons plus, de cette voix retentissante condamnée maintenant à l'éternel silence, ton souvenir et tes exemples nous soutiennent, nous éclairent, nous consolent! Adieu!

DISCOURS DE M. HUDDLESTON

Juge-avocat de la flotte anglaise, au nom du Barreau anglais.

Messieurs et confrères,

Je vous demande la permission de vous adresser la parole en anglais.

Nous sommes partis de Londres avec empressement, sur l'invitation qui nous a été adressée par l'honorable bâtonnier du Barreau de Paris. Le collége des avocats de Gray's Inn, dont je suis le trésorier, m'a désigné pour venir déposer ses hommages sur la tombe de M. Berryer.

Nous ne sommes pas des étrangers au milieu de vous, car M. Berryer n'était pas un étranger au milieu de nous.

Nous avons eu le plaisir de le recevoir à Londres, et le bonheur de goûter le charme de son éloquence. Nous avons pu ainsi apprécier cet avocat illustre, dont l'histoire dira la prééminence comme orateur et comme homme d'Etat.

Le nom de Berryer n'appartient pas seulement à la France, il appartient aux Barreaux de toutes les nations. Elles ont le droit de prendre leur part dans la gloire qu'il a depuis longtemps conquise par l'éclat de son talent et par la puissance merveilleuse de sa parole.

Mais j'oublie ce que dit Shakespeare : « Nous sommes ici pour enterrer César et non pour le louanger. »

Berryer est mort à un grand âge, en pleine possession de ses facultés immenses. C'est bien de lui qu'on peut dire :

Jam satis vixit, vel ad ætatem, vel ad gloriam.

DISCOURS DE M. DE LA FERTÉ

La France, si bon juge en fait d'honneur, s'étonnerait que le souvenir de M. le Comte de Chambord ne fût pas présent auprès de la tombe de M. Berryer.

Cette tombe ne se fermera pas sans que j'aie rempli la mission qui m'est donnée.

Je suis chargé par M. le Comte de Chambord de faire entendre les accents de son affliction et de sa reconnaissance envers celui qui a donné tant de preuves de fidélité à son principe et de dévouement à sa personne.

Ce solennel témoignage s'adresse encore au chrétien, au cœur qui a tant aimé la France, à celui qui n'a jamais séparé la cause de ses affections de celles des libertés et des grands intérêts du pays.

C'est de l'exil que viendra le dernier adieu, comme c'est pour l'exilé que montèrent vers le ciel sa dernière prière et le dernier cri du cœur.

M. le prince de Luxembourg a adressé la lettre suivante à un des exécuteurs testamentaires de M. Berryer, qui veut bien nous la communiquer :

« Monsieur,

» J'ai regretté vivement de ne pas entendre hier à Augerville la voix de l'un des clients de M. Berryer apportant sur sa tombe le tribut des hommages de tous, l'expression de leur profonde reconnaissance.

» Le caractère particulier de cet excellent citoyen était marqué au coin de l'élévation, de la générosité, du désintéressement, du cœur, en un mot; de là sa grandeur, et les flots du génie coulaient spontanément de cette source.

» Moins ému, j'aurais essayé, monsieur, d'exprimer ce que j'éprouvais si vivement, si profondément. A la vue de tant d'hommes de cœur accourus de si loin... et de points opposés, je me serais permis de leur demander une sainte alliance en tout ce qui intéresse la conservation de l'honneur national et la cause sacrée de la liberté. Je n'avais pas à craindre le refus de ce serment de tels hommes... et devant un pareil témoin !

» Veuillez agréer, Monsieur, l'assurance de ma plus haute considération.

» MONTMORENCY-LUXEMBOURG.

» Ce 9 décembre 1868. »

IV

Discours qui devaient être prononcés, si le temps n'avait pas manqué :

DISCOURS DE M DUMESNIL

Maire de Puiseaux, membre du conseil général du Loiret.

Messieurs,

Au nom des habitants de ce pays, dans lequel M. Berryer a voulu vivre et où il a voulu mourir, souffrez que nous, ses voisins, qu'il daignait accueillir avec bienveillance, nous adressions les derniers adieux à cet homme illustre.

Des voix éloquentes ont rappelé l'éclat de sa longue carrière publique et ses triomphes oratoires. Permettez-moi de révéler le bien qu'il a fait ici pendant près d'un demi-siècle.

Ses amis savent avec quel bonheur, après les luttes ardentes de la tribune et du barreau, M. Berryer se hâtait de rentrer à Augerville, comme Cicéron à Tusculum. Entouré d'une société intime, il y venait retremper ses forces dans le calme des champs, et rasséréner son âme par l'audition des chefs-d'œuvre de l'art musical, le plus souvent en faisant exécuter les mélodies du maître immortel, son ami, qui l'a précédé de quelques jours dans la tombe.

Mais c'est en vain qu'il cherchait à se dérober aux affaires en parcourant ces prairies, au milieu de ces rochers, sous les beaux arbres de ce parc pittoresque où l'on retrouve à chaque pas l'empreinte de son goût d'artiste. Dès que le bruit de son retour s'était répandu, de nouveaux clients affluaient de tous les environs. Ils se sentaient attirés, encouragés par cette affabilité si digne et si simple, par cette grâce, par cette séduction irrésistible qui rendaient sa personne sympathique aux grands comme aux plus humbles.

« Du moment qu'on l'écoute, on lui devient ami, » a dit M. Alfred de Musset, son hôte.

Des amis, M. Berryer en avait partout ; mais à Augerville, c'est aux plus pauvres qu'il donnait la préférence : il leur sacrifiait les rares moments de ses loisirs, et apportait à la défense de leurs intérêts autant de dévouement qu'à ceux de ses plus riches clients. Dans nos campagnes, Dieu seul sait combien de familles il a dirigées par ses conseils et secourues de son inépuisable charité.

C'est que la bonté, dans l'acception la plus élevée de ce mot, était, avec l'éloquence et la fidélité à ses convictions, le côté dominant de ce noble cœur. M. Berryer aurait pu prendre pour devise celle adoptée par un grand artiste du dix-septième siècle, qui fut mêlé, lui aussi, à la politique de son temps : « *Publicè ac privatim prodesse multis nocere nemini.* » Dans la vie publique, comme dans la vie privée, chercher toujours à rendre service, sans nuire à personne. M. Berryer ne s'est jamais écarté de cette règle de conduite.

Cette église, d'où nous sortons, c'est lui qui l'a relevée et embellie ; ce chemin de fer, qui a, ce matin, amené ses amis et ses nombreux admirateurs, c'est lui, le premier, qui en a eu l'idée, à Augerville, en ma présence ; il l'appelait le grand chemin des Indes, et, grâce à l'œuvre toute française du percement de l'isthme de Suez, cette prédiction, notre Gâtinais doit l'espérer, ne tardera pas à se réaliser.

Homme excellent, aussi remarquable par le cœur que par l'intelligence, adieu ! Repose en paix près des tiens, dans ce pays que tu as aimé, où tu as tant fait de bien, et que Dieu reçoive ta belle âme dans son infinie miséricorde !

DISCOURS DU P. DU FOUGERAIS

Supérieur du collége de Juilly

Le R. P. du Fougerais, prêtre de l'Oratoire, supérieur du collége de Juilly, assistait aux obsèques de M. Berryer, accompagné de plusieurs membres du conseil d'administration et d'une députation de la Société amicale des anciens élèves, entre autres de MM. Duflocq, Hamel, Eugène Barre, comte de Châteaubriand, de Sémallé, de Vedel, Gamas et Poisson. Il se proposait d'y prononcer le discours suivant, au nom du collége, dont M. Berryer a été l'élève, si le temps n'avait pas manqué :

« Messieurs,

» La maison de Juilly, dont Berryer a été l'élève et l'une des gloires, tient à honneur de venir à son tour témoigner sur sa tombe de ses regrets et de sa douleur ; et elle se reprocherait, au milieu de ce concert unanime d'éloges qui s'élève autour de son cercueil, de ne pas publier, elle aussi, ce qui a été l'un des traits distinctifs de cette grande âme, sa reconnaissance inaltérable envers le collége qui avait abrité sa jeunesse.

» Il y avait été élevé, vous le savez, messieurs, par nos anciens Pères, qui confondirent toujours dans un même amour et un même dévoûment, leur Dieu, leur pays et leur culte pour la science.

» A leur école, il avait senti bientôt grandir en lui, avec les lumières de sa vive intelligence, l'énergie de son caractère et les nobles aspirations de son cœur ; et dans ce développement rapide de tous les dons de sa puissante nature, il avait rencontré le gage de ses succès futurs. Il ne l'oublia jamais.

» Dès 1815, on le voit prêter l'appui de sa science juridique aux Pères de Juilly, dans leurs tentatives de rétablissement de notre ordre. En 1828, il leur procure pour successeurs deux des maîtres les plus éminents de la jeunesse, les abbés de Scorbiac et de Salinis. Dix ans plus tard, il vient présider la distribution du collége pour défendre contre les défiances imméritées du pouvoir ses droits à la liberté de son enseignement. En 1840, il en facilite la cession à la savante école de l'abbé Bautain. En 1845 il plaidait à la Chambre des députés la cause, qui lui était si chère, de la liberté religieuse, en la personne des Jésuites ; au milieu de son discours, il se rappelle ses anciens maîtres de Juilly, et leur souvenir lui inspire un de ses plus beaux mouvements oratoires. Partout et toujours, il se montre le protecteur le plus dévoué de cette maison, l'ami le plus cordial et le plus empressé de ses condisciples ; et naguère encore, en apprenant notre retour à Juilly, il nous écrivait « qu'il consacrerait avec » bonheur ses premiers loisirs à venir y visiter ceux qui avaient » recueilli l'héritage de ses maîtres vénérés. »

» Certes, messieurs, cette fidélité et cette constance dans la gratitude honorent, grandissent la mémoire de notre cher et illustre défunt, mais elle révèle aussi le mérite de ceux qui la lui inspirèrent, et vous excuserez un de leurs fils de le rappeler devant vous. »

V

Le barreau de Paris a réuni le lendemain les délégués des barreaux étrangers et français. Quatre discours ont été prononcés dans cette réunion.

TOAST PORTÉ PAR M. GRÉVY

Je bois à la santé de nos hôtes.

Mes chers confrères des Barreaux de France, d'Angleterre et de Belgique, le Barreau de Paris vous offre ses vifs remercîments.

En vous associant à son deuil, comme vous vous êtes associés précédemment à sa fête de famille, vous n'avez pas seulement honoré l'homme illustre, objet de ces deux manifestations, hélas! si différentes, vous avez fait au Barreau de Paris un grand honneur et vous vous êtes créé à sa reconnaissance un titre impérissable.

Vous avez fait plus : par votre présence ici, que je regarde comme un événement, vous avez montré à notre pays que le Barreau n'a pas cessé, lui, d'estimer à sa valeur la grandeur morale, qu'il n'a point dégénéré, et qu'il est aujourd'hui ce qu'il a toujours été, la grande école du civisme et le boulevard du droit et de la liberté!

Mes confrères du Barreau de Paris, buvons à la santé de nos hôtes!

TOAST DE M. HUDDLESTON

Juge-avocat de la flotte, queen's counsel, *trésorier et membre du conseil de Gray's Inn.*

Mes chers confrères,

Quand M. Berryer est venu chez nous, nous lui avons tendu la main, et cet accueil, aujourd'hui si amicalement offert, nous prouve que vous serrez cette main. Cette énergie et cette force dont vous a si habilement parlé votre bâtonnier, je les ai retrouvées en vous... (La suite est prononcée en anglais.)

Nous avons été, mes amis et moi, heureux et fiers de remplir la mission qui nous a été confiée de venir sympathiser avec votre douleur. Dans tous les pays, les barreaux représentent ce qu'il y a de plus élevé dans l'intelligence; seulement ils ne constituent pas, comme on était tenté de le croire, une aristocratie; émanés du peuple, ils ont sa force et sa vigueur, dont ils portent les inspirations dans les sphères les plus élevées de la pensée.

Cette association du barreau français et du barreau anglais est si intime que si les événements n'avaient pas été si précipités, ce ne serait pas seulement le trésorier de Gray's Inn et deux membres de Middle-Temple qui seraient ici, mais des représentants de toutes les associations du barreau anglais, pour déplorer la perte du grand citoyen que vous pleurez.

TOAST DE M. ROLIN

Bâtonnier du barreau de Gand

Monsieur le bâtonnier,
Mes chers et honorés confrères,

En vous remerciant très-vivement de l'accueil que vous voulez bien me faire, je vous prie de me permettre de vous entretenir du sentiment qui m'a conduit parmi vous, et qui est, je puis vous en donner l'assurance, le sentiment du barreau belge tout entier.

Vous l'avez dit avec raison, monsieur le bâtonnier : c'est la grandeur du caractère de Berryer, plus encore que l'éclat de son talent, qui a commandé nos respects.

Ce que nous avons admiré en lui, c'est l'homme qui a toujours été fidèle à lui-même, toujours ferme dans sa foi, qui, au milieu de beaucoup de turpitudes, de déplorables faiblesses dont il a été le témoin, a su toujours conserver son âme intacte, droite et pure ; toujours prêt à mettre sa puissante parole au service des plus illustres vaincus de tous les partis, et lorsqu'un retour inouï de la fortune avait élevé l'un d'eux au faîte de la puissance, oubliant son client pour retourner à ses principes sacrés, aux objets de son culte ; courtisan aussi assidu du malheur que d'autres le furent du pouvoir, c'est l'homme qui a illustré ses derniers moments et couronné sa vie si glorieuse et si pleine par une magnifique protestation du droit contre la force, et qui a traversé toutes les tempêtes politiques qui, depuis le commencement de ce siècle, ont tant de fois ébranlé et renouvelé la surface de votre sol, sans que jamais aucune ait troublé la sérénité de son âme ni courbé son noble front devant les puissants du jour.

C'est là, messieurs, c'est dans cette source pure, c'est dans cette fidélité à ses convictions qu'il faut chercher le secret de cet incomparable talent. C'est là ce qui a fait Berryer fort entre les forts ; c'est là ce qui explique le concours de tant d'hommes placés aux extrémités de toutes les opinions humaines qui sont venus confondre autour de cette illustre tombe leur admiraration et leur douleur. C'est là ce qui fait que la gloire de Berryer ne s'est pas arrêtée à nos frontières, et que le jour de sa mort a été un jour de deuil pour le barreau belge comme pour l'illustre barreau de France.

Maintenant à vous, mes chers et honorés confrères. A vous qui êtes appelés à recueillir ce magnifique héritage. A vous, au barreau français dont vous êtes les dignes représentants. A ce barreau qui a religieusement conservé le dépôt de ces vertus antiques. A ce barreau dans le sein duquel la liberté a trouvé, dans tous les temps et sous tous les régimes, un dernier et inexpugnable asile. A ce barreau, du sein duquel sont sortis tant d'orateurs puissants, tant de fermes caractères.

A vous mes saluts, mes remercîments et mes vœux. A vous le vœu le plus cher à mon cœur, celui dans lequel se résument tous les autres : puissiez-vous rendre la France aussi libre que notre Belgique !

TOAST DE M. JULES FAVRE

Pardonnez-moi l'émotion que j'éprouve lorsque, obéissant à votre affectueux appel, je me lève pour répondre aux généreuses paroles que vous venez d'entendre ; elles me font trop sentir que, pour parler dignement de la liberté, il faut être le citoyen d'un peuple libre.

Oui, elle mérite d'être aimée, glorifiée, admirée, mais avant tout il faut la pratiquer. Seule, par ses mâles épreuves, elle peut former des hommes capables de la comprendre, et c'est pourquoi les accents de l'orateur que vous venez d'applaudir ont été jusqu'à mon âme. Ils ont fidèlement exprimé le sentiment qui nous réunit. Hier, c'était autour d'une tombe illustre, aujourd'hui dans une fête fraternelle qui n'a pas un autre caractère que celui de la cérémonie où se confondaient nos douleurs et nos regrets. C'est toujours la grande âme de l'ami que nous avons perdu, qui est au milieu de nous. Elle m'apparaît comme le jour où j'ai eu la rare fortune, représentant alors le barreau de Paris, qui m'est si cher, de consacrer, par l'expression d'une légitime et affectueuse admiration, cinquante années de gloire et de vertu professionnelles.

Oui, elle est avec nous, elle nous domine et nous inspire, et je crois être l'interprète de ses sentiments intimes, se rencontrant avec les vôtres, mes confrères bien-aimés, en disant que ce qui a fait sa force, c'est l'horreur du despotisme et le constant amour du droit. Eh bien ! ce n'est pas assez d'honorer cette inébranlable fidélité aux principes du juste et du vrai, il faut chercher à l'imiter. L'antiquité est ici notre guide ; — et quand je parle de l'antiquité, je ne veux pas m'éloigner de la terre qui fut notre berceau.

Lorsqu'un de nos ancêtres tombait dans un combat, ses compagnons, réunis dans un banquet semblable au nôtre, se penchait sur sa glorieuse dépouille, et faisaient le serment de suivre sa trace. Que cette leçon soit la nôtre. Apprenons, par l'exemple de cet illustre ami dont le souvenir ne nous quittera jamais, à nous tenir prêts à tous les sacrifices commandés par la conscience et le patriotisme. Je n'oserais pas dire qu'il a été le complice de toutes les idées que je défends ; mais ce que je puis affirmer, c'est qu'il en a toujours été le protecteur et le patron. Il n'était pas l'homme d'un parti : il était l'homme de la France ; il est resté jusqu'à la fin fidèle à ses croyances.

En même temps, il a été respectueux envers la libre pensée, et c'est ce respect qui a fait sa puissance, puissance dépassant nos frontières, comme on vous l'a très-justement dit ; conquérant nos voisins par l'irrésistible attrait de son cœur et de son intelligence. Et voici que, pour témoigner de cette pacifique victoire, viennent s'asseoir à nos côtés les représentants des barreaux de l'Angleterre et de la Belgique : l'une qui a eu la sagesse de donner pour base à sa splendeur industrielle, à son merveilleux épanouissement, la force morale et la vertu civique de ses enfants ; l'autre, grande, en dépit de la petitesse de son sol, par ses principes, par sa fermeté, et qui ne sera jamais notre victime tant qu'il y aura dans notre pays des hommes de cœur.

Toutes les deux nos sœurs, nos amies, nos modèles dans l'œuvre de la liberté. Je bois à la fière, à la vaillante, à la libre Angleterre ; je bois à l'intelligente et noble Belgique ! Je suis fier de les voir ici représentées par ceux qui, chez elles comme chez nous, aiment et défendent le droit. Et, dans cette fête sur laquelle plane la grande ombre du confrère et de l'ami qui sera toujours avec nous, je vois un consolant symbole : celui des nations unies par le sentiment de la justice, décidées à reprendre possession d'elles-mêmes, à décider seules de leurs destinées, et défiant par leur solidarité les efforts impuissants des tyrannies coalisées.

Liste des avocats de la Cour impériale de Paris
qui ont assisté aux obsèques.

Allou, ancien bâtonnier. — Andral (Paul). — Arnaud (Frédéric). — Audoy. — Alicot. — Arago (Emmanuel). — Avenel.

Baze, ancien représentant. — Belon (Louis). — Belin. — Bertout. — Bernard Derosnes. — Beslay. — Betolaud. — Bétoulle.

—De Birague d'Apremont. — Blondel. — Boucher. — Camille Bouchez. — Bouchot. — Boullenger. — Bouriat. — De Broglie. — Buffard. — Bioche. — Bardaut. — De Boissy (Charles). — Bourdin. — Bournisier.

Camescasse. — Carré. — Cartier (Er.) — Cazelles. — Chamaillard.—Champetier de Ribes.— Cazeau.— Clausel de Coussergues. — Classing-Fruneau. — Colmet-Daage (G.) — Coquebert de Neuville. — Corda. — Choppin. — Charles Grellet. — Claude. — Couteau. — Cresson.

Dauloux-Dumesnil. — Debacq. — De Barthélemy.— Decrais. — Debs. — Debect. — Darcy. — De Bernard de Feissal. — Delacourtie. — Delamarre. — Delasalle. — Delattre. — Eugène Delattre. — Delorme (Achille). — Delorme (Charles). — Delsol. — Dejouvencelle. —Degaste.— Delalain-Chomel.— Demonjay. — Denormandie. — Derode. — Desmarest. — Desportes Delafosse. — Didier (Henri). — Digard. — Dormand. — Dréo. — Du Boys. — Du Buit. — Deroulede, avoué. — Devin (Léon).— Dougados. — Deverdière.— Deville. — Duteil. — Duez (Ch.-S.) — Dufaure (J.)— Dufour.—Duhamel.— Dupont (Ed.) — Emile Durier. — Duval (Ferd.) — Doussaint.— Dunoyer.

Emion.

Favre (Jules). — Floquet. — Fontaine (de Melun). — Fromageot. — Ferdeuil. — De Fallois.

Gatineau.—Gautier (Fabien-Alfred).—Gibert.—Grevy(F.-J.-P.) — Gigot (Albert). — Gallois. — Gonse. — Gouvot. — Graux.— Guerrier (Léonce). — Gueny.

Hébert. — Hendlé (Ernest). — Hubbard. — Hauveau. — Hérisson. — Hodieu.

Isambert.

Joly (Maurice). — Joret-Desclosières. — Juteau. — Jouendeau (Gabriel). — Jovart. — De Jouy (J.).

De Kermarec.

Labordère. — Lacan. — Lacoin. — Lanne. — Lardières (Marius). — Lauras. — Laval. — Laya (Alexandre). — Leblond. —

Le Chevalier. — Lefebvre (Pontalis). — Lefèvre (Paul). — Lefranc (E.-V.). — Lejoindre (Amédée). — Léger (Edme). — Lefébure (Edouard). — Le Meunier de la Railière. — Léon Caen. — Lesourt. — Liouville (Albert). — Le Moign (Georges). — Léon. — Lesur. — Leroux (Emile).

Maillard. — Malapert. — Manchon. — Mariage. — Marie. — Martin (Albert) — Martin (Philéas). — Martin (Thomy). — Martin (Louis). — Massu. — Meynier (F.). — Michel de Grilleau. — Moreau (P.-L.-F.)— Muller (Edmond). — Mettetal. — Michanis. — De Montluc (L.-A.). — Mouillefarine. — Montaigut. — Menard (Louis).

Payen (Félix). — Perillier. — Perard. — Portain de la Rochelle. — Philis. — Picard. — Pinède (Alphonse). — Plocque. — Portalès. — Pouget. — Pouillet (Eugène). — Poyet (E.-P.-M.). — Pradines. — Prestat. — Pougnet. — Pougy (Arthus). — Pinel. — Potel. — Pinvert. — De Privezac. — De Peyramont.

De Rothschild. — Ravelet. — Renault (Léon). — Rivière de l'Arque. — Rivolet. — Rousse (Edmond). — Remond (Jules). — Rondet (Joseph). — Reitlinger. — Ribot (Paul). — De la Roque.

Sabatier (Maurice). — Saglier (Charles). — Salle. — Salvetat. — Scribe (Jules). — Senard. — Sorel. — Salsac. — Spuller. — Georges Seigneur.

Templier. — Thomas (Frédéric). — Thureau (Edouard). — Tourseiller. — Toussaint. — Trouvé-Chauvel. — Du Theil.

Vatel. — Wentz. — Weber.

Liste des personnes qui ont assisté aux obsèques (1).

Nous aurions voulu pouvoir publier les noms de tous ceux qui ont assisté aux obsèques de M. Berryer, mais il nous aurait fallu en recueillir plus de 3,000, et cela nous a été impossible.

---

(1) Malgré tous les soins que nous avons pris, ces listes sont, à notre grand regret, très-incomplètes.

Aux noms que nous avons nous-même recueillis, nous nous bornerons donc à ajouter ceux des personnes qui se sont fait inscrire sur un registre déposé à cet effet à l'entrée du château d'Augerville, et qu'on veut bien nous communiquer. Nous les donnons par ordre alphabétique :

MM. Gustave Allain, architecte. — F. Arnaud (de l'Ariége), ancien représentant. — L'abbé Aubert, supérieur de l'Ecole Saint-Grégoire à Pithiviers. — Aublet aîné. — Edmond d'Artois. — Emile Affichard, du barreau d'Angers. — Air, docteur en médecine.. — Anderson, conseiller de la reine d'Angleterre. — Ancel, député. — Marquis d'Andelarre, député.

J. de Bony de Lavergne. — Arthur Barbat de Bignicourt. — Vicomte d'Isle de Beauchaine. — Camille Bornot. — Jules Romain. — Eugène Bédé, négociant. — A. Bellard, géomètre (La Ferté-Alais). — Marquis de Bagnac et marquise de Bagnac. — A. Bornot. — Arsène Blavoyer, ancien membre des Assemblées constituante et législative. — De Berset. — Vicomte de Bonneuil. — Félix Bouriat. — Camille Bouchez, avocat. — Charles de Boville, avocat. — M. A. Blondel et Mme Blondel. — Henri de Boissac (Bordeaux). — Léon de Barthélemy, avocat. — Comte Beugnot. — A. Bertaud, avocat, bâtonnier de l'ordre, professeur à la Faculté de droit (Caen). — Vicomte Gaston de Barthélemy. — Henri du Buit. — Paul Bazin Rézé. — Geoffroy de Beaucorps. — Albert Bonnard. — Louis Bonnard, avocat. — Bayard, avocat (Lille). — Edouard Balay. — Léonard de Bernard de Feissal. — Le comte Benoist d'Azy. — Le baron Benoist d'Azy. — Bertrand de Blacas. — Comte Charles de Bourmont. — M. M. de Beauchamp. — Ferdinand Béchard, ancien député. — Frédéric Béchard. — Georges Bell, rédacteur de la *Liberté*. — De Baulny. — Comte Oscar de Bessas de la Mégie. — Le vicomte de Barizien. — R. de Belleval. — Marquis Sauvaire de Barthélemy, — Léon de Barthélemy. — Gustave de Barthélemy. — Buffet, député, ancien ministre. — Prince de Beauveau. — Comte Louis de Bourmont. — Berlier de Vauplane père. — Berlier de Vauplane fils. — Ferdinand Boyer, bâtonnier de l'ordre des avocats de Dijon.

Armand Coquebert de Neuville, avocat, bâtonnier de l'ordre des avocats (Nantés). — Bédros Chassian, licencié en droit. — Jules Caille, juge suppléant. — Baron Henry de Cockborne, et la baronne de Cockborne. — J. Coquebert, de Neuville. — Arth. de Cumont, rédacteur de l'*Union de l'Ouest.* — Maurice du Coëtlosquet. — Baron de Chaulieu. — Mme Henry Gay de Chassenard. — A. Le Corvoisier. — Réné H. Caillaud. — Vicomte de Carrière. — Alexandre de Saint-Chéron. — Eugène Cauchy, de l'Institut. — Amédée Couturier, avocat. — Louis Cullerier. — Charles Chenu, étudiant en droit. — J. P. Charmoy, avocat, bâtonnier de l'ordre (Rennes). — B. Chamiot, avocat, bâtonnier de l'ordre (Limoges), ancien représentant, ancien préfet.— Léon Claude, avocat. — Chantreuil, avocat (Douai). — Guy de Chassiran. — Vicomte de Champeaux. — Denys Cochin. — Chambellan professeur de droit à Paris. — Vicomte de Caze. — Blain des Cormiers. — Coquebert de Neuville. — Comte Albert de Cincourt. — Le comte de Civry. — La comtesse de Civry, née de Brunswdet. — Comte Léonor de Cibeins. — Casimir de Paul. — Charmoy, avocat (Rennes). — Chambart, avocat (Lille). — Cauthion, avocat (Fontainebleau). — H.-F. Cole, conseiller de la Reine d'Angleterre. — Carnot, député. — Comte de Chambrun, député. — Cherancey. — Marquis de Coriolis.

Charles Douniol, libraire-éditeur. — Frédéric Deschamps, avocat et conseiller général (Rouen). — Amédée de Denainvilliers. — Victor Duquaire, avocat (Lyon). — Henry Didier. — D'Arbois. — Léon Dosmann, avocat. — Maurice Desson, de Saint-Aignan. — Hippolyte Duboy, avocat au conseil d'Etat. — Charles Delpoulle. — E. Delaporte, agent-voyer. — Rodolphe Dareste, avocat au conseil d'Etat. — Duchesner (La Ferté-Alais). — A. de Denainvilliers et Mme de Denainvilliers. —.Alfred Dupont, avocat, ancien bâtonnier (Douai, Nord). — Henry Dunoyer, avoué à la cour. — L.-M. Delamarre. — E. Duffourc d'Antist. — Jules Decroix, avocat (Lille). — L. Delpech (Bordeaux). — Georges Darcy. — Eugène Durand. — Charles Dupérou, avocat, bâtonnier de l'ordre à Grenoble. — Comte Daru. — Magloire Dorange, avocat, membre du conseil de l'ordre, délégué du barreau de Rennes. — Eugène Dupin. — Achille Delorce, avocat. — Jules Denis, étudiant en droit. — Desseaux, avocat (Rouen).— Dubus, avocat (Lille).—Dugabé, ancien député.—Comte de Damas.—Dufaur.

Henry d'Esclaibes, sous-lieutenant au 29e de ligne. — Paul Emion. — L. d'Esclaibes, avocat (Douai). — J. Enault.

De Faultrier. — Frontault. — M. et Mme du Fougeroux. — Gaston de Faultrier, avocat (Metz). — Alfred de Faultrier, avocat, ancien membre de l'Assemblée législative (Metz). — Édouard Ferdeuil. — Victor Fournel. — Feyrnet, rédacteur du *Temps*. — Duc de Fitz-James.

Alfred Guérard, lieutenant de vaisseau. — Polydore Gautier, armateur (Bordeaux). — Gautier, notaire (Bordeaux). — Mme Jules Gautier, née Goyon (Bordeaux). — Ernest Gervais. — Raphaël Gonse, avocat au conseil d'État. — Charles Grimbert (Douai). — Félix Grellet, avocat, bâtonnier de Riom. — Le comte de Geslin. — J. de Gasté, conseiller général. — Mme Ernest de Gyvès. — Albert Gigot, avocat au conseil d'Etat. — Jules Gautier, négociant à Bordeaux. — De Gyvès, conservateur des hypothèques. — Lodoïs Gay. — Joseph de Gasté. — Albin de Grilleau, avocat. — Comte de la Guibourgère. — Vicomte de Gontaut-Biron. — Léopold de Gaillard. — De Guinaumont. — Guillet, rédacteur en chef de l'*Impartial du Loiret*. — Gouget, avocat à Dijon. — Guerrier, avocat à Lyon.— Goblet, avocat à Amiens. — Vicomte de Grouchy, député. — Grangier de la Marinière. — Comte de Goulaines. — Fernand de Ginestous. — Duc de Galliera. — Guéroult, député.

Hattu, avocat. — Ferdinand Hérold, avocat au conseil d'Etat. — Mme Hallier. — Le vicomte d'Haussonville. — M. et Mme Heurgon. — M. W. Hüffer. — Le colonel Wickham Hoffman, premier secrétaire de la légation des Etats-Unis d'Amérique. — Le comte d'Humières, représenté par Auguste d'Humières. — Vicomte de la Haye. — Marquis d'Hautefort.

Vicomte d'Imécourt.

Henri Jadart. — A. de Jerphanion. — Javal, député, et son fils. — Ollivier de Jouvencel.

Le vicomte de Kersaint. — De Kermenguy (Finistère). — Le comte de Kisseleff, représenté par M. Essacoff, son secrétaire. — De Kersaint. — De Kersauson, consul général (Finistère). — Kolb-Bernard, député.

Le prince de Luxembourg. — H. Lefebvre, ancien notaire à Puiseaux. — François Lenormant, sous-bibliothécaire à l'Institut· — H. Limbourg, avocat. — Ch. de Largue, avocat. — A. Labordère, avocat au Conseil d'Etat. — Lecomte, représentant de la maison Collas frères, à Sèvres (Seine-et-Oise). — M. et Mme A. Lemaignent. — Jules Lefebvre-Duruflé, avocat. — Armand de la Loyère, étudiant en droit. — Raoul de Lignerolles. — Loiseau-Pinson, président du syndicat des teinturiers. — J. Lemoine. — Jules Lesur, avocat au conseil d'Etat.— Achille Leclair, de Nimes. — F. de Launay. — Michal-Ladichère, avocat. — Le baron Laurenceau, ancien représentant de la Vienne. — Laurein, négociant. —A. Lemaire, administrateur du bureau de bienfaisance du 2e arrondissement. — Paul Labarthe, étudiant en droit. — Gabriel Lombart, avocat, bâtonnier de l'Ordre de Dijon. — Ferdinand de Lasteyrie. — Léon Lavedan. — Lecoffre, libraire-éditeur. — Laurentie. — Laurent-Laporte. — Baron de Larcy, ancien député. — De Roux Larcy. — De Lunaret, ancien député. — Baron de Larenty. — Comte du Lau. — Comte de Larochefoucault. — Hilaire de Lacombe. — Charles de Lacombe. — Lourlou, avocat à Bourges. — Lerdrix, avocat (Dijon).

Léon Marc. — Le comte de Montessuy. — F. Malapert. — Eugène Massu. — Honoré Martin. — La baronne J. Robillard de Magnanville. — Alfred Moreau. — Charles Moreau. — Le vicomte Raymond de Maussabré. — L. Méneray, notaire à Etampes. — Paul Saint-Marc, de Bordeaux. — Monge. — Mirès. — Mme la baronne Monnier Alibert. — Mitivié. — Matheron, avocat à Lyon. — Mahod, syndic des avoués à Lyon. — Maynier, avocat (Marseille). — Mallac. — Masson. — Montansier. — De Montluc. — Marcel Barthe, avocat à Pau.

Edgar Ney. — Le comte de Nugent. — Mme de la Nayrie. — J. de la Nayrie, juge de paix (Nemours). — Victor Nicolet, avocat. — Le comte Charles de Nicolay. — Neychens, rédacteur de l'*Union*. — Alfred Nettement. — Nettement fils. — Vicomte Paul de Neuville.

Le vicomte d'Orléans. — Gustave d'Orgeval, avocat.

Henri Pé de Arros, avocat à Pamiers (Ariége). — Jules Poinat. — Guy du Pontavice. — Le comte de Préaulx. — Jules Pérad, avoué au tribunal. — Gaston Ponchet. — Le baron Jérôme Pichon. — Georges Picot, juge suppléant. — Adalbert Philis, avocat, bâtonnier de l'ordre à Douai. — Comte de Preault. — Prioland, négociant à Limoges. — Captain (Edward-Peirse), Royal-Navy. — Victor-Pidoux, ancien représentant. — Auguste Pinel, avocat au conseil d'Etat. — Auguste Poyet. — Pozzo di Borgo. — Comte Félix Pozzo di Borgo. — Poulain, avocat. — Pellieux, avocat à Douai. — Perrin, avocat à Langres. — Henri Pâris, avocat à Rheims.

Christian de Quatrebarbes.

Henri Reynaud (de Nîmes). — Le comte de Rotalier. — Henry Ratel. — Ratel. — Ch. Rameau, avoué à Versailles, président de la conférence des avoués de première instance des départements. — D. de Portanier de la Rochette, avocat. — Edmond Robert, avocat. — Rancilia, sous-ingénieur des ponts-et-chaussées (Marne). — Anatole Rousse, receveur des domaines. — Etienne Récamier. — Marquis de Rivière. — Ratel, père. — Henri Ratel. — De la Rothais, représentant l'*Espérance du Peuple* (de Nantes). — Rameau, avocat (Versailles). — Henri de Riancey, rédacteur en chef de l'*Union*, ancien représentant. — De Resseguier, ancien député. — Vicomte de Rainneville. — Baron James de Rothchild. — De Rochefort.

Comte de Salvandy. — Le comte de Serre. — Aurélien de Sèze (Bordeaux). — Léon Signoret. — Charles Savary, avocat. — P. du Solon contentieux. — Marquis de Senevoy. — Jules Romain. — Marquis de Sennevoy. — Marquis de Sasselang. — Sauvagnat, ancien grenadier de la garde royale, marchand de tableaux. — Marquis de Sainte-Maure.

Maurice de La Taille, garde général des forêts. — Ed. Tiphaigne, avocat à Caen. — Edmond Turrel, licencié en droit. — Marquis de Tristan — De Tanquerel des Tanches. — Eugène Tallon, avocat. — Amand Toutain, avocat. — Le baron de Traversay d'Evreux. — A. Taillet, avocat, délégué du barreau de Rouen. — Toussar, avocat. — Tripart, avocat, ancien bâtonnier, à Besançon. — Baron du Teil. — Prince de Torloma. — Thiers. — Toussaint, avocat (Havre).

Marquis de Vogué. — Marc de Vissac, avocat à Riom. — Casimir de Ventavon, avocat. — Henri Villard, avocat, bâtonnier de l'Ordre à Langres. — Ch. Vervoitte, maître de chapelle à Saint-Roch. — Comte de Vogué. — Marquis de Villefranche. — Comte Henri de Vansay. — De Villaret.

Léopold Wilbaux, avocat. — Ch. Wescher, attaché à la Bibliothèque impériale. — Vicomte Walsh.

Paris. — Imprimerie Dubuisson et Ce, 5, rue Coq-Héron.

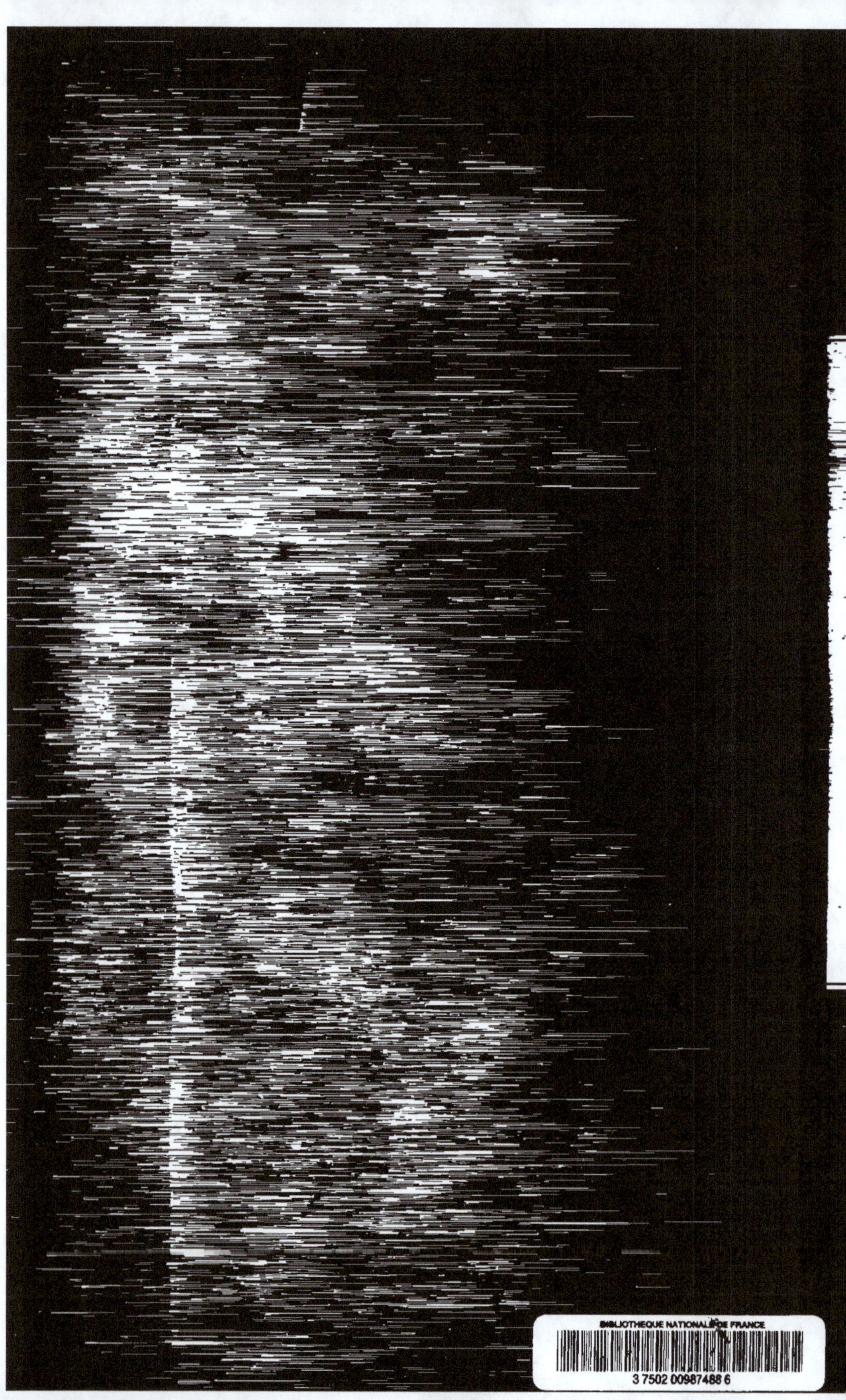
BIBLIOTHEQUE NATIONALE DE FRANCE

3 7502 00987488 6

www.ingramcontent.com/pod-product-compliance
Lightning Source LLC
Chambersburg PA
CBHW061322060726

47596CB00003B/1039